Bis dass die Liebe uns scheidet

Von der Ehekrise zur Selbstfindung:

Eine radikal ehrliche Lebensreise

Yin Jen

AF222471

Yin Jen

Bis dass die Liebe uns scheidet

Von der Ehekrise zur Selbstfindung:

Eine radikal ehrliche Lebensreise

Eine Geschichte für alle, die wissen wollen,
wie man am Ende stark aus einer Ehe hervorgeht
– und dabei die Liebe zu sich selbst findet.

Bibliografische Information der Deutschen Nationalbibliothek: Die Deutsche Nationalbibliothek verzeichnet diese Publikation in der Deutschen Nationalbibliografie; detaillierte bibliografische Daten sind im Internet über http://dnb.dnb.de abrufbar.

Text & Cover: Yin Jen
Lektorat & Korrektorat:
Francy Schneider (Wortspatz-Korrektur)

Verlag: BoD · Books on Demand GmbH, Überseering 33, 22297 Hamburg, bod@bod.de
Druck: Libri Plureos GmbH, Friedensallee 273, 22763 Hamburg

ISBN: 978-3-8192-0682-5

ⓘ Haftungsausschluss:
Dieses Buch ersetzt keine professionelle Beratung. Die Autorin übernimmt keine Verantwortung für individuelle Entscheidungen, die aus dem Inhalt resultieren.

Für dich, lieber Mensch

VORWORT

Es ist nicht das erste Mal, dass Menschen, die ich begleiten durfte, ein Buch geschrieben haben.

Ich wurde auch schon einmal gefragt, ob ich ein Vorwort schreiben möchte – doch damals kam es nicht zustande. Ich kannte das Buch noch nicht und der Zeitplan erlaubte nicht, es noch zu lesen. Ein Vorwort ohne das Buch zu kennen, machte für mich keinen Sinn.

Yin schickte mir ihr Manuskript einfach nur so, damit ich mal drüber schaue. Ich fing sofort an zu lesen und konnte nicht mehr aufhören.

Dieses Buch ist die pure radikale Ehrlichkeit. Es erzählt von einer Trennung, von der Kraft, die aus dem Schmerz erwächst, und von der Reise, als Alleinerziehende wieder zu sich selbst zu finden. Ein Buch, das Mut macht und zeigt, wie unglaublich wichtig jede Erfahrung in unserem Leben ist.

Ich kenne Yin schon seit einigen Jahren und hatte die Ehre, sie ein Stück weit auf ihrem Weg zu begleiten. Sie bezeichnete mich einmal als wahre Meisterin. Zu diesem Zeitpunkt hatte sie nur noch nicht erkannt, dass sie es selbst war. Sie blickte in einen Spiegel.

Es ist etwas, das viele Frauen betrifft – ein inneres Wissen, das sie spüren, aber nicht wirklich verstehen können. Sie tragen eine unglaubliche Kraft in sich, ein Potenzial, das darauf wartet, entdeckt und entfaltet zu werden. Doch oft bleibt dieses Potenzial verborgen, weil es von Selbstzweifeln, äußeren Erwartungen und der Unsicherheit darüber, wer sie wirklich sind, überschattet wird.

Yin war da keine Ausnahme. Sie hatte all das bereits in sich – die Stärke, die Weisheit, die Klarheit – aber sie hatte es noch nicht in ihrer vollen Tiefe erkannt. Durch das radikale Einlassen auf sich selbst, erkannte sie, dass das, was sie suchte, schon immer da war.

Wir alle tragen diese innere Stärke in uns, auch wenn wir sie manchmal nicht sofort sehen können. Es geht nicht darum, etwas zu „werden", sondern vielmehr darum, das zu erkennen, was wir bereits sind.

Normalerweise wird man gefragt, ob man das Vorwort für ein Buch schreiben möchte. Doch in diesem Fall war es anders: Ich war so fasziniert von Yin und ihrer Art, dass ich sie fragen musste, ob ich das Vorwort für dieses Meisterwerk der Klarheit und radikalen Ehrlichkeit schreiben darf. Zum Glück hat sie „Ja" gesagt, denn sonst könnte ich dir jetzt nicht sagen, wie wertvoll dieses Buch für dich sein wird.

Wenn du bereit bist, dich auf diese Geschichte einzulassen, wirst du nicht nur Yin begegnen, sondern auch Dir selbst.

Britt Cornelissen

Augsburg, April 2025

Alles, was wir in Worte gefasst haben, können wir hinter uns lassen. Sokrates

Was wir in Worte fassen, lässt sich loslassen – und doch gibt es Worte, die so schwer sind, dass es Jahre dauert, bis man sie aussprechen kann.

Dieses Buch ist mein Versuch, die Worte zu finden, die mich und meine Geschichte befreien. Worte über Liebe, die endet, und Hoffnung, die neu beginnt. In tiefer Ehrfurcht und Dankbarkeit für alles, was mir meine gescheiterte Ehe aufgezeigt hat.

Bevor wir beginnen, möchte ich euch einen Einblick in die Welt geben, aus der ich komme. Ich bin die jüngste Tochter einer chinesischen Familie – aufgewachsen in einem Haushalt voller Traditionen, Erwartungen und unausgesprochener Regeln. Alles, was ich war und sein sollte, wurde von klein auf geprägt.

Doch wer war ich wirklich?

Während ihr meine Geschichte lest, werdet ihr verstehen, wie sehr diese Wurzeln meinen Weg bestimmt haben – und wie ich mich Schritt für Schritt davon befreite.

Meine Geschichte ist nicht nur die einer Frau, die sich in ihrer Ehe verloren und wiedergefunden hat – es ist auch eine Geschichte über kulturelle Prägungen, unausgesprochene Erwartungen und die unsichtbaren Fäden, die uns alle formen.

Ich bin in eine chinesische Familie hineingeboren, die tief in Traditionen verwurzelt ist. In China bedeutet Familie alles – doch Emotionen offen auszusprechen, war nie Teil dieser Welt. Fleiß, Disziplin und das Aufrechterhalten des äußeren Scheins stehen über allem.

Schwäche zeigen? Gefühle teilen? Sich selbst in Frage stellen? Das gehört nicht zum Konzept. Vor allem nicht in einer Gesellschaft, die jahrzehntelang vom Kommunismus geprägt wurde.

Mao Zedong, der China von 1949 bis zu seinem Tod 1976 als oberster Führer prägte, stellte das Wohl des Kollektivs über individuelle Bedürfnisse – ein Prinzip, das tief in die chinesische Gesellschaft eingewoben wurde.

Deng Xiaoping, der ab 1978 als oberster Führer Chinas die wirtschaftlichen Reformen einleitete, öffnete das Land für den globalen Markt. Doch die alten Werte blieben bestehen.

Die Angst vor Gesichtsverlust sitzt tief in den chinesischen Wurzeln – es ist fast, als würde man sozial sterben, wenn man sich verletzlich zeigt. Konflikte werden nicht offen ausgetragen, sondern unter den Teppich gekehrt, während der äußere Schein gewahrt bleibt. Harmonie um jeden Preis. Innerhalb der Familie, innerhalb der Gesellschaft.

In der Heimat meiner Eltern, Wenzhou, sind diese Prinzipien besonders stark verankert. Wenzhounesen werden in China oft als die „Juden des Ostens" bezeichnet.

Nicht aufgrund ihrer Religion, sondern wegen ihres außergewöhnlichen Geschäftssinns. Sie gelten als die wohlhabendsten Chinesen des Landes, bekannt für ihren Unternehmergeist und ihre Fähigkeit, aus wenig großen Wohlstand zu schaffen. Diese Mentalität wurde mir in meinem Umfeld in China immer wieder vermittelt und hat mich stark geprägt.

Wenzhou ist bekannt als der Geburtsort der chinesischen Privatwirtschaft. Bereits in den frühen Tagen der Wirtschaftsreformen übernahmen die Menschen dort eine Vorreiterrolle in der Entwicklung von Handelsnetzwerken, Haushaltsindustrien und spezialisierten Märkten.

Heute gilt das sogenannte Wenzhou-Wirtschaftsmodell als Inspirationsquelle für den wirtschaftlichen Aufstieg Chinas. Die Philosophie dieser Stadt ist zutiefst pragmatisch, und ihre Geschichte zeigt, dass Kapitalismus dort nicht nur akzeptiert, sondern von Anfang an in den Werten der Menschen verankert war.

Es gibt ein chinesisches Sprichwort, das den Status Wenzhous beschreibt: „Menschen der Exzellenz und Land der Weisheit.“

Wenzhounesen werden oft als kluge, geschäftstüchtige Menschen beschrieben, und die Stadt selbst wird als Ort der Weisheit gelobt. Ob all diese Zuschreibungen stimmen, weiß ich nicht – aber eines ist sicher: Die Mentalität dieser Stadt hat mich geprägt.

Die Ein-Kind-Politik, die 1979 eingeführt wurde, verstärkte den Druck auf Familien zusätzlich. In vielen Haushalten bedeutete das: Wenn es nur ein Kind geben durfte, dann bitte einen Sohn – einen Stammhalter, einen Erben. Mädchen wurden oft abgetrieben, ausgesetzt oder weggegeben.

Meine vierte Schwester wurde 1978 geboren – kurz bevor die Ein-Kind-Politik offiziell in Kraft trat. Im darauffolgenden Jahr verließ mein Vater China und wanderte nach Deutschland aus.

Da mein Vater nicht mehr im Haus lebte, blieb meiner Mutter die damals verbreitete Zwangssterilisation erspart.

So wurde es überhaupt möglich, dass ich als fünftes Kind 1988 in Deutschland geboren wurde – als Mädchen, das kein Wunschkind war. Und doch bin ich hier. Und genau deshalb musste ich erst recht beweisen, dass ich wertvoll bin. Dass ich es schaffe. Dass ich stark bin.

Diese Glaubenssätze bestimmten nicht nur meine Ehe – sie bestimmten mich. Doch irgendwann kam die Frage auf, die alles veränderte: Wer bin ich wirklich, wenn ich all diese Prägungen loslasse? Was bleibt, wenn ich mich nicht mehr über Erwartungen definiere?

Die wahre Natur der Liebe

Vielleicht kennst du das Gefühl, in einer Beziehung gefangen zu sein, die dich erstickt. Vielleicht hast du auch schon einmal gedacht, dass es einfacher wäre, die eigene Wahrheit zu verschweigen, als sie auszusprechen.

Ich lade dich ein, meine Geschichte zu lesen – nicht nur, um zu sehen, wie sie endet, sondern, um herauszufinden, was wir alle tun können, wenn die Liebe nicht mehr die ist, die wir uns erträumt haben. Denn die Liebe ist nicht nett. Die Liebe ist gar nicht nett. Sie ist wahrhaftig.

Ganz oft kommt die Liebe mit dem Schwert. Das Schwert steht für die Wahrheit. Trau dich, deine Wahrheit noch intensiver zu fühlen und sie auszusprechen. Das bringt Segen und Frieden für alle in deinem Umfeld.

Dies habe ich erfahren, als ich mich nach neun Jahren Ehe entschloss, den schwersten Schritt meines Lebens zu gehen – die Scheidung.

Was zunächst wie ein Scheitern erschien, wurde schließlich zu einem Akt der Befreiung und der Selbstfindung. Ich habe außerdem gelernt, dass zerbrochene Dinge nicht nutzlos sind.

In der japanischen Kunst des Kintsugi werden Bruchstellen mit Gold gefüllt, wodurch etwas Wertvolles und Einzigartiges entsteht.

Meine Ehe ist zerbrochen, aber dieses Buch ist mein Versuch, das Zerbrochene mit Gold zu füllen – mit den Lektionen, die ich gelernt habe, und den Wahrheiten, die ich erst durch das Zerbrechen erkennen konnte.

Über Verantwortung und Selbsttreue

Verantwortlich ist man nicht nur für das, was man tut, sondern auch für das, was man nicht tut. Laotse

Diese Worte begleiten mich auf meinem Weg. Sie erinnern mich daran, dass wir nicht nur für unsere Taten verantwortlich sind, sondern auch für unsere Untätigkeit – für das, was wir nicht aussprechen, nicht fühlen oder nicht leben.

Dies gilt auch für die Ehe: Wir tragen Verantwortung für das, was wir einander versprechen, aber auch für das, was wir uns selbst schuldig bleiben. In meiner eigenen Ehe versprach ich, für immer treu zu sein – aber habe ich mir selbst auch die Treue gehalten? Habe ich mich selbst immer wertgeschätzt, meine eigenen Bedürfnisse wahrgenommen und den Mut gehabt, ehrlich zu mir und zu meinem Partner zu sein?

Vielleicht müsste ein Eheversprechen in unserer heutigen Zeit eher lauten: „Ich verspreche, in guten wie in schlechten Tagen, in Gesundheit und Krankheit, mir selbst treu zu bleiben. Ich werde immer aufrichtig zu mir und zu dir sein und meine Wahrheit nicht verbergen, sondern leben – solange ich diesen Körper bewohne – Seite an Seite mit dir."

Ein solches Versprechen würde nicht nur die Verantwortung für den Partner, sondern auch für das eigene Wohl und die eigene Wahrheit umfassen.

Das Konzept der Ehe und ihre Realität

„Bis dass der Tod uns scheidet" – so lautet das traditionelle Eheversprechen. Doch was, wenn es nicht der Tod ist, der das Ende einer Beziehung markiert, sondern die Liebe selbst?

Es klingt paradox, aber ich habe erlebt, wie eine Beziehung durch das Fehlen von Selbsttreue immer mehr zu einer Last wurde.

Die Worte „in guten wie in schlechten Tagen" wurden zu einer Fassade, hinter der sich ein immer größer werdender Abgrund von unerfüllten Bedürfnissen und unerkannten Wahrheiten verbarg.

Was passiert, wenn die Liebe sich zurückzieht und nur noch der Schatten von dem bleibt, was sie einmal war? Was passiert, wenn man sich selbst mehr verletzt, als dass man heilt, wenn man sich und seinen Partner immer weiter in einer toxischen Beziehung verliert?

Was passiert, wenn du den Tod freiwillig früher herbeibeschwören möchtest, damit er deine Ehe beendet?

Mein Tod war jedoch nicht sonderlich motiviert, mir diesen Wunsch zu erfüllen, also wandte ich mich an die Liebe und beschloss, mich nach neun Jahren Ehe endgültig scheiden zu lassen.

Doch dieser Schritt war nicht das Ende meiner Geschichte, sondern der Anfang einer Reise zu mir selbst – eine Reise, die mich von der Co-Abhängigkeit zu einem Ort des Friedens und der Selbstakzeptanz führte.

Mein Weg zur Erkenntnis

Meine Geschichte ist keine Chronologie von Ereignissen. Stattdessen widme ich jedem Jahr unserer gemeinsamen Zeit ein Kapitel, in dem ich die tiefsten Einsichten und Lektionen beschreibe, die ich auf meinem Weg gelernt habe. In diesen Kapiteln möchte ich dir zeigen, dass Scheidung nicht das Ende einer Familie bedeutet, sondern der Beginn einer neuen Art des Zusammenlebens – besonders, wenn Kinder im Spiel sind.

Der Weg aus einer toxischen Beziehung hin zu einer tiefen Selbstakzeptanz – und damit auch zur Akzeptanz des Ex-Partners – war lang und von vielen schmerzhaften Erkenntnissen geprägt.

Doch er war zugleich von Heilung und intensivem Wachstum begleitet.

Dankbarkeit und Wertschätzung

Dieses Buch ist nicht nur ein Rückblick auf meine Ehe und Scheidung, sondern auch eine Wertschätzung für meinen Ex-Mann, Kevin (obwohl er einen englischen Namen trägt, ist er genauso wie ich ein gebürtiger Chinese – nur, dass ich in Deutschland geboren und aufgewachsen bin. Viele Chinesen wählen einen englischen Namen, weil dieser für Ausländer leichter zu merken ist als der ursprüngliche chinesische Name). Kevin ist der Vater meiner Kinder, ein Mensch, der mir viele wertvolle Lektionen über (Selbst-)Liebe, Geduld und Akzeptanz beigebracht hat.

Es hat eine Weile gedauert, bis ich diese Worte der Dankbarkeit und Wertschätzung finden konnte.

Doch heute weiß ich: Ohne diese Erfahrungen, ohne unsere gemeinsame Reise, hätte ich nicht die Erkenntnisse gewonnen, die mich zu der Person gemacht haben, die ich heute bin.

Außerdem ist dieses Buch für alle, die sich selbst treu bleiben wollen, auch wenn das bedeutet, Menschen loszulassen, die sie lieben.

Es ist für die, die bereit sind, den Mut zu finden, ehrlich zu sich selbst zu sein – egal, wie schmerzhaft die Wahrheit sein mag.

PROLOG

„Sag mal ehrlich, wann hast du uns beide schon aufgegeben? Wann hast du aufgehört, an unsere Ehe zu glauben? Du hast doch viel früher als ich entschieden, mich zu verlassen, aber du hast nie den Schritt gewagt."

Es war ein Sonntagnachmittag, und ich war gerade ein paar Stunden in Bali verschwunden – allerdings nicht auf dem echten Bali. Direkt hinter dem Hauptbahnhof befindet sich die Oase namens Vabali Spa. Die weitläufige Anlage vermittelt mir oft das Gefühl, an einem ganz anderen Ort zu sein als in der hektischen Großstadt Berlin.

Kevin hatte über das Wochenende die Kinder übernommen, und ich genoss jede freie Minute, die ich mit mir selbst verbringen konnte. Zu viert standen wir am Berliner Hauptbahnhof, direkt vor den Treppen zum Gleis 13. Unzählige Menschen eilten an uns vorbei. Gemeinsam begannen wir, die nächsten Sommerferien zu planen. Die Kinder sollten ein Sommercamp in China besuchen.

Während sie sich mit ihren Getränken beschäftigten, stellte ich Kevin meine Frage, und nach einer kurzen Denkpause antwortete er: „Das war 2016, als wir in Grevenbroich waren. Minyan war gerade zwei Jahre alt, und du warst täglich schlecht gelaunt. Du wolltest weder ins Geschäft noch auf Minyan aufpassen." In seinen Augen lag eine gewisse Leere, die ich so gut kannte.

„Und du hast es trotzdem so lange mit mir ausgehalten?", fragte ich erstaunt.

Kevin lächelte nüchtern, wechselte dann aber schnell das Thema und fragte, wann Minyan endlich zum Kieferorthopäden gehen würde, weil seine Zähne schiefer seien als der Turm von Pisa.

Ich musste laut lachen, während mein Blick gleichzeitig auf die Anzeigetafel der Bahn fiel. Die Situation war keinesfalls zum Lachen, aber die Aussage über die Zähne unseres älteren Sohnes ließ die Ernsthaftigkeit zwischen uns nicht zu.

Ich stellte fest, dass wir nun aufs Gleis hochgehen mussten. Unsere Bahn kam in wenigen Minuten. Die Kinder und ich verabschiedeten uns von Kevin und wir gingen die Stufen hinauf zum Gleis 13.

Zuhause angekommen, lag ich später im Bett und spürte, wie mir die Tränen über die Wangen liefen. Nicht aus Schmerz, sondern aus einer Mischung von Traurigkeit und Dankbarkeit. Mein Kopf war noch immer gefüllt mit dem Gespräch.

2016. So lange hatte Kevin mich bereits nicht mehr als seine Frau gesehen, und doch waren wir noch jahrelang als Familie durch die Welt gegangen.

Die Stille um mich herum drückte schwer auf meine Brust, und ich flüsterte verzweifelt in mich hinein:

Himmel Herrgott, warum hast du es so lange mit mir ausgehalten … und ich mit dir? Warum das Ganze? Warum nur?

In mir mischten sich Schuld und Erleichterung. Ein Gefühlscocktail aus Bitterkeit, Unverständnis und einer seltsamen Ruhe. Als hätte mein Verstand endlich nachgezogen, was mein Herz schon längst wusste. Ich glaube nicht, dass ich mich jemals so sehr entwickelt hätte ohne die weiteren sieben Jahre mit ihm.

Es ist eine lange Zeit gewesen. Ich spiele im Kopf die Geschichten nochmals durch und erinnere mich, dass Kevin nie den Mut dazu gehabt hat, endgültig die Reißleine zu ziehen.

Das musste ich übernehmen. Er war schon längst aus der Beziehung gestiegen, da war meine Hoffnung an uns noch groß. Ich habe die Jahre gebraucht mit meiner Angst im Reinen zu kommen. Ich denke, dass wir immer noch irgendwie zusammen wären, wenn auch ich in der Angst loszulassen, geblieben wäre.

Nun lag ich immer noch still auf dem Bett und sprach die Worte aus, die ich damals nicht hatte sagen können: *Vielleicht sollten wir zum Wohl aller getrennte Wege gehen. Wir passen nicht zueinander. Wir sind beide nicht glücklich miteinander.* Die Erinnerungen kamen in Wellen, und mit jeder Welle spürte ich eine Mischung aus Reue und Erleichterung.

Er hätte es beenden können, doch er hatte es nicht getan. Stattdessen hatte er gewartet, so wie ich, gelähmt von der Angst, den anderen zu verletzen. Ich erinnere mich noch daran, wie ich ihn einmal gefragt habe: „Warum hattest du nie den Mut, etwas zu sagen? Warum hast du nichts unternommen?"

Seine Augen waren leer gewesen, müde. „Weil ich gehofft habe", sagte er leise, „dass sich etwas ändert. Dass du wieder so bist wie am Anfang unserer Beziehung. Dass wir ein gemeinsames Ziel haben."

Aber wir hatten keins gehabt. Keins, das mich erfüllt hätte. Und irgendwann war der Punkt gekommen, an dem ich endlich verstanden hatte: Ich war diejenige, die es beenden musste, weil er es nicht konnte. Er war schon lange aus der Beziehung ausgestiegen, aber seine Füße waren im Treibsand der Routine stecken geblieben. Und meine Hoffnung – sie hatte mich jahrelang an einem Traum festhalten lassen, der längst gestorben war.

Mit zittriger Stimme sprach ich das vor meinem inneren Auge aus, was ich ihm damals hätte sagen sollen: *Danke, dass du geblieben bist, Kevin. Und danke, dass du gegangen bist, auch wenn du es nicht aussprechen konntest.*

Dann drehte ich mich auf den Rücken und atmete tief durch. Ich hatte Jahre gebraucht, um die Angst und die Unsicherheit des Loslassens zu überwinden. Aber in diesem Moment, in dieser Stille, allein auf dem Bett, fühlte ich, wie sich etwas in mir löste.

Wir wären wahrscheinlich noch immer zusammen gewesen – in einer Ehe, die nur aus Dramen und der Angst vor dem Alleinsein bestand –, wenn ich nicht irgendwann den Mut gefunden hätte, endgültig loszulassen.

Ich schloss die Augen und wusste, dass ich trotz allem dankbar war. Dankbar für die Zeit, die wir miteinander verbracht hatten, für die Lektionen, die ich gelernt hatte, und für den Frieden, der mich jetzt langsam, aber sicher erfüllte.

KAPITEL 1

Dezember 2023 in der Schweiz

„Yin, es ist Zeit, einen Schlussstrich zu ziehen.“

Steffi sah mich mitfühlend, aber bestimmt an. Wir saßen allein in der Küche ihrer Eltern, das Abendessen war längst vorbei, die Kinder schliefen tief und fest. Zwischen uns stand eine große Teekanne, aus der wir immer wieder nachschenkten. Meine Globuli-Dosis gegen den Reizhusten lag inzwischen bei gefühlten acht Kügelchen alle zehn Minuten.

Ich wusste, dass sie recht hatte. Aber das Eingeständnis fiel mir schwer. Immer wieder hatte ich Kevin unbewusst in Schutz genommen, hatte mich an die Illusion geklammert, dass ich ihn ändern könnte. Dass dies nicht der Sinn der Sache und nebenbei auch nicht möglich war, hatte ich schon oft gehört, doch es zu akzeptieren, war eine andere Sache.

Es war paradox. Ich wusste, was wir uns gegenseitig angetan hatten, wusste, dass wir als Ehepaar niemals glücklich geworden wären. Doch ein Teil von mir klammerte sich an die Idee, dass wir zumindest als Eltern funktionieren könnten.

Manche Rollen bleiben, dachte ich. *Selbst nach dem Tod. Wir sind jetzt Mama und Papa, und das für immer.*

Steffi legte den Kopf leicht zur Seite. „Weißt du, was mir geholfen hat?" Sie streckte ihren Fuß unter den Tisch und deutete auf ein Tattoo. „Das hier. Es war mein Abschluss mit der Vergangenheit. Ich sehe es nicht ständig, aber wenn ich meine Füße beim Duschen wasche, denke ich daran. Es erinnert mich daran, dass ich diese Zeit überwunden habe."

Ein Tattoo? Die Vorstellung jagte mir eine Gänsehaut über den Rücken. Nicht nur die Schmerzen schreckten mich ab, sondern auch die Frage, wie das in 50 Jahren aussehen würde.

Gedankenverloren stellte ich mir vor, wie die *Arschgeweihe* der 90er heute wohl aussahen. Nein, Tattoos kamen für mich nicht infrage. Aber Steffis Idee blieb in mir hängen.

Der Gedanke, ein persönliches Abschlussritual zu finden, ließ mich nicht los. Wie konnte ich die Ehe – und all die Emotionen, die damit verbunden waren – endgültig abschließen?

Der Morgen danach

Am 27. Dezember, früh am Morgen, kam mir die Idee. Steffis Worte hallten in mir nach, während ich an die Vergangenheit dachte. Meine Ehe mit Kevin war eine Abfolge von Höhen und Tiefen gewesen, aber vor allem wollte ich sie vorbei haben.

Ich saß auf dem Sofa und scrollte durch die Fotogalerie meines iPhones. Ein Mix aus bunten Fotos von mir mit meinen Kindern, nur den Kindern, dann hier und da klugscheißerische Kalendersprüche, Aufnahmen von Zählerständen, Interior Design und so weiter und so fort.

Plötzlich traf mich die Idee wie ein Blitz und ich wusste, welches Abschlussritual ich vorhatte: ein Fotoalbum.

Ein Album, das unsere Geschichte erzählte – von den ersten Tagen unserer Beziehung bis zur Geburt unseres ersten Kindes. Es würde nicht nur ein Abschluss für mich sein, sondern auch eine wertvolle Erinnerung für die Kinder. Sie sollten wissen, dass wir uns wirklich geliebt hatten und nicht ständig wie zwei Kampfhunde aufeinander losgegangen waren, wenn etwas nicht gepasst hatte.

Beim Frühstück erzählte ich Steffi von meinem Plan. Sie hörte zu, nickte, doch ich spürte ein Zögern (Steffi und Kevin hatten jetzt nicht die beste Verbindung zueinander *zwinker*).

„Hm, klingt gut", sagte sie schließlich. „Vielleicht kannst du ihm ein Exemplar geben. Dann kann er damit machen, was er will."

„Genau", antwortete ich. „Für mich wird es auch eine Gelegenheit sein, die gemeinsame Zeit wertzuschätzen und mich beim Durchsehen der Bilder zu bedanken."

Ich wollte diese Momente bewusst würdigen – nicht, weil alles gut war, sondern weil sie mich geprägt haben.

Unsere Ehe war nicht perfekt, aber sie war wichtig. Jeder Mensch, der unser Leben berührt, hinterlässt Spuren. Und ich wollte diese Spuren nicht länger mit Groll betrachten – sondern in Frieden mit ihnen sein.

Ich war erleichtert, dass ich die meisten Fotos digital auf einer Festplatte gespeichert hatte. Im Frühjahr 2023 hatte ich in einem Marie-Kondo-Ausmist-Wahn alle haptischen Bilder entsorgt, inklusive der Hochzeitsfotos. Damals hatte ich gedacht, es sei befreiend, aber in den Tagen danach hatte ich es zutiefst bereut. Dieses Album sollte anders werden.

Ein Neuanfang

Am ersten Tag des neuen Jahres 2024 flogen meine Kinder und ich zurück nach Berlin. In drei Tagen würde ich meinen 36. Geburtstag feiern. Wenn mir jemand vor ein paar Jahren gesagt hätte, dass ich mit 36 geschieden, alleinerziehend, arbeitslos und mit einem Berg Schulden dastehen würde – ich hätte es nie geglaubt. Doch hier war ich.

Einerseits hatte ich in der einen Hand meine Freiheit zurückgewonnen und die Chance, mein Leben von Grund auf neu zu gestalten. Dieses Mal hatte ich dafür einen Koffer voller wertvoller Lebenserfahrungen dabei.

Ich nahm mir fest vor, die nächsten 36 Jahre so brillant zu gestalten, dass sie all meine kühnsten Träume übertreffen würden.

Denn wenn ich es geschafft hatte, ein komplettes Desaster zu kreieren, dann musste es doch auch andersherum funktionieren, oder?

Kennst du den englischen Ausdruck: „same same but different"? Der schönste Traum kann sich in den schlimmsten Albtraum verwandeln, und der schrecklichste Moment kann zur schönsten Erinnerung werden.

Ich hatte meinen schlimmsten Traum im realen Leben erlebt, und oft wünschte ich mir, es wäre nur ein Albtraum gewesen. Natürlich hatte ich vorgehabt, meine Ehe bis ans Ende unserer Tage zu führen – schließlich war ich mit Disney-Filmen aufgewachsen. Ich war tief überzeugt davon, dass auch ich meinen *Prinzen* finden und mit ihm glücklich bis an unser Lebensende in einem Schloss leben würde. Doch was die meisten Disney-Filme und Hollywood-Liebesgeschichten nicht zeigen, ist, was nach der Hochzeit passiert.

Man hört nur: „… und wenn sie nicht gestorben sind, dann leben sie noch heute."

Aber *wie* sie leben, erzählt niemand. Ich fühlte mich, als wäre ich in einem Disney-Horrorfilm gefangen – noch bevor wir überhaupt verheiratet waren.

Der schwerste Moment

Sechs Wochen vor unserer Hochzeit (28. Dezember 2013) in Wenzhou China, als ich gerade acht Wochen schwanger war, verloren wir unser erstes Kind. Es war kurz nach unserer Verlobung, und Kevin feierte mit seinen Freunden, während ich abends mit einer Freundin über Schmerzen im Unterleib chattete.

Ich hatte Wehen, wusste es aber damals nicht. Ich wartete, dass Kevin endlich nach Hause kam. Als er irgendwann spät in der Nacht leicht angetrunken nach Hause kam, legte er sich sofort neben mich und schlief ein.

Die Schmerzen wurden immer stärker und ich weckte ihn schließlich auf. Unter Tränen und Schmerzen sagte ich ihm, dass ich Angst hatte und ins Krankenhaus wollte.

Damals lebten wir bei seiner Mutter. Kevin weckte sie auf und wir fuhren zu dritt ins Krankenhaus. Seine Mutter rief Liu an, eine alte Klassenkameradin, die dort als Krankenschwester arbeitete, um sicherzustellen, dass ich sofort behandelt werden würde.

Ich hatte mir nie viele Gedanken über das chinesische Gesundheitssystem gemacht. Aber in diesem Moment, zusammengekauert auf dem Rücksitz von Kevins Auto, spürte ich es am eigenen Leib – es fühlte sich kalt und unmenschlich an. Ich war einfach nur froh, dass wir jemanden kannten, der mir sofort helfen konnte.

Vielleicht war „Vitamin B" (Beziehungen) hier das Einzige, das wirklich zählte. Ich lag zusammengerollt auf dem Rücksitz von Kevins Opel Corsa, während die Schmerzen immer intensiver wurden. Ich weinte und schrie, unfähig, die Situation zu verstehen. Dann, mitten in den Schmerzen, spürte ich plötzlich, wie etwas aus mir herausglitt.

„Es ist raus," flüsterte ich schwach. Kevins Mutter drehte sich zu mir um und fragte ungläubig, woher ich das wissen konnte. Ihre Fragen verstärkten nur meinen Hass und meine Hilflosigkeit in diesem Moment. Tränen liefen mir über das Gesicht, während Kevin mit überhöhter Geschwindigkeit durch die Straßen von Wenzhou raste. In meinem Schmerz war ich wie betäubt, als ob mein Bewusstsein meinen Körper verlassen hätte.

Als wir schließlich ankamen, machte Kevin die Hintertür auf und wollte, dass ich aussteige. Doch ich war vor Schmerz wie gelähmt. Irgendwie brachte ich den beiden bei, dass ich nicht laufen konnte, und Kevin holte einen Rollstuhl. Seine Mutter und er hoben mich aus dem Auto.

Im Krankenhaus wartete bereits Liu auf uns und führte mich in einen Raum, der eher wie ein kaltes Labor wirkte.

Überall standen medizinische Geräte, die Luft war kalt und steril. Ich fühlte mich hilflos und allein. Schnell wurde ich auf ein Bett gelegt, mein Slip wurde grob heruntergezogen, und Liu nahm das, was in mir gewesen war, einfach heraus. Ohne ein Wort legte sie es auf eine Metallschale – unseren Embryo, winzig und leblos.

Mein Körper begann zu zittern, und ich schloss die Augen, unfähig, die Realität zu akzeptieren. Liu sagte etwas, das sich für mich wie ein fernes Echo anhörte. Kevin stand reglos da und nickte nur.

Es war, als ob ich von außen zusah, wie sich alles abspielte, ohne wirklich Teil davon zu sein. Dann drängte Liu auf eine Ausschabung, um sicherzustellen, dass sich nichts entzündete. Sie bot an, den Eingriff gleich vor Ort und ohne Narkose durchzuführen.

Panik stieg in mir auf. Mein Mandarin war nicht gut genug, um in dieser Situation die medizinischen Details zu verstehen, und ich fühlte mich überfordert.

Kevin beugte sich zu mir und versuchte, mich zu beruhigen. Bevor ich richtig begreifen konnte, was passierte, saß ich schon auf dem gynäkologischen Stuhl, und der Eingriff begann. Ich schrie vor Schmerzen und bat sie, aufzuhören, aber sie taten es nicht. Es war ein Moment, der sich wie eine Ewigkeit anfühlte. Als es vorbei war, stieg ich benommen vom Stuhl – und brach zusammen.

Als ich wieder zu mir kam, stand meine Mutter an meinem Bett. Neben ihr Liu, die über mich sprach, als wäre ich nicht da. Tränen schossen mir in die Augen, und ich begann hemmungslos zu schluchzen. Meine Mutter schien fassungslos und fragte mehrmals, wie so etwas passieren konnte. Liu zuckte nur mit den Schultern und sagte, ich sei wohl besonders sensibel und hätte nicht viel im Leben erlebt.

Meine Mutter, sichtbar verärgert, widersprach: „Meine Tochter hat mehr von der Welt gesehen als die meisten Menschen in ihrem Alter. Sie war allein in Australien, hat in der Schweiz gelebt und sich nie unterkriegen lassen."

In diesem Moment wurde mir klar, dass der Verlust eines Kindes in diesem Land anders wahrgenommen wurde, dass es hier fast zur Normalität gehörte. Ein Land, das 36 Jahre lang die Ein-Kind-Politik verfolgt hatte, in dem Zwangsabtreibungen und Sterilisationen an der Tagesordnung waren. Ich wusste, dass ich hier nicht bleiben konnte. Die Entscheidung, nach Deutschland zurückzukehren, war endgültig.

Doch ironischerweise sollten wir sieben Jahre später mit unseren zwei gemeinsamen Söhnen doch wieder nach China zurückkehren. Das hätte ich mir damals nie vorstellen können. Aber der Weg bis dahin war noch lang.

Gold in den Scherben finden

Die Ungewissheit war zu meinem ständigen Begleiter geworden, ebenso wie die Einsamkeit und die tiefe Trauer, die mich oft unerwartet heimsuchten.

Doch ich hatte mir ein festes Ziel gesetzt: Wie kann ich meinen selbst erschaffenen Scherbenhaufen in etwas Wertvolles verwandeln?

Durch Tobias Beck lernte ich den japanischen Brauch des Kintsugi kennen. Diese traditionelle Technik repariert zerbrochene Teetassen und Keramikschalen nicht einfach mit gewöhnlichem Klebstoff, sondern nutzt eine Mischung aus speziellem Lack und Blattgold. Anstatt die Bruchstellen zu verbergen, werden sie betont und sogar verschönert, wodurch die reparierten Gegenstände einzigartig und wertvoller als zuvor werden.

Kintsugi bedeutet übersetzt: mit Gold reparieren. Übertrage ich diese Philosophie auf mein Leben und insbesondere auf meine gescheiterte Ehe, so wird klar: Das, was zerbrochen ist, ist wertvoller geworden als das, was jemals ganz gewesen war.

Die Lektionen und Einsichten, die ich aus dieser Erfahrung gewonnen habe, sind für mich kostbarer als jedes Gold. Ich könnte mich bis ans Ende meiner Tage im Groll und Hass über die Vergangenheit verlieren – aber ich habe gesehen, was das aus einem Menschen machen kann. Und ich wusste: Das war nicht mein Weg.

Was also ist mein *Blattgold?* Nach der Scheidung kam eine üppige bunte Mischung zusammen: radikale Ehrlichkeit zu mir selbst, stetige Anwendung des Hawaiianischen Vergebungsrituals (nach intuitivem Bedürfnis) und vollkommenes Mitgefühl mit mir und meinen Mitmenschen.

Ho'oponopono – so heißt dieses Ritual – ist eine uralte Technik aus Hawaii, die hilft, Frieden mit sich und anderen zu schließen.

Es besteht aus vier einfachen Sätzen: Es tut mir leid. Bitte vergib mir. Ich danke dir. Ich liebe dich.

Ich sprach sie nicht aus Pflichtgefühl, sondern aus der tiefen Sehnsucht, mich selbst zu befreien. Anfangs fühlte es sich mechanisch an, doch irgendwann spürte ich, wie sich etwas löste. Nicht von heute auf morgen – aber nach und nach.

Ich war bereit, das andere, leichtere Ufer zu besuchen. Das schwere Ufer voller Groll, Selbsthass, Kritik, Verurteilung, Ablehnung und Erniedrigungen kannte ich ja bereits. Mich machte es nur schwerer und es brachte mich kein Stück näher an den gewünschten Frieden. Der Weg dahin war steinig und anstrengend, aber ich wollte ihn gehen.

KAPITEL 2

Meine Herkunft und Wurzeln

Alles begann während des Zweiten Weltkriegs. Die meisten Männer wurden vom Staat als Soldaten eingezogen, darunter auch mein Großonkel – der ältere Bruder meines Opas mütterlicherseits. Er wollte jedoch nicht in den Krieg ziehen, zeigte großen Mut und floh stattdessen auf ein Schiff.

Ein halbes Jahr lang hörte die Familie nichts von ihm, bis er sich eines Tages doch meldete: Er war in Amsterdam gelandet.

Dort suchte er sich Arbeit in einem China-Restaurant und fand eine holländische Freundin, die er später heiratete. Nach einiger Zeit eröffnete er sein eigenes China-Restaurant in Venlo. Dies bot ihm die Möglichkeit, Familienmitglieder aus China nach Holland einzuladen, damit sie im Restaurant für ihn arbeiten konnten.

Einer der Eingeladenen war mein Onkel, der ältere Bruder meiner Mutter. Später eröffnete er ein Restaurant in Heinsberg und holte weitere Familienmitglieder nach Deutschland. So kam schließlich auch mein Vater dorthin.

Meine Eltern sind beide in kleinen Dörfern namens Yutang und Xialing aufgewachsen, die in der Nähe von Wenzhou in der Provinz Zhejiang liegen – südlich der knapp 25-Millionen-Metropole Shanghai. Während meine Mutter in einem Haushalt mit eigener Zementfabrik aufwuchs, kam mein Vater aus ärmlichen bäuerlichen Verhältnissen. Als er 12 Jahre alt war, verlor er seine Mutter.

Die Geschichte meiner Familie ist eine Mischung aus Tradition und Überlebensgeist. Meine Mutter wurde, als sie 14 Jahre alt war, meinem Vater versprochen.

Für meine Oma war es wichtig, dass ihre Tochter eine *bessere* Schwiegermutter bekam als sie selbst. Und da die Mutter meines Vaters bereits gestorben war, erschien ihr dieser Umstand ideal – so die Logik meiner Oma.

„Keine Schwiegermutter – keine Probleme", meinte sie. Doch das *Kein-Problem* musste meine Mutter ausbaden, denn auch ohne Schwiegermutter hatte sie ein hartes Leben. Sie gebar keinen Stammhalter – sondern nur Töchter.

Beim dritten Mädchen schlug ihre Schwester vor, das Kind mit ihr zu tauschen. Ihre Schwester hatte zum dritten Mal einen Jungen bekommen, während meine Mutter ein Mädchen bekam. Die Kinder blieben ja in der Familie. Meine Mutter entschied sich dagegen.

Als sie dann das vierte Mädchen bekam, wurde ihr empfohlen, es einer anderen Familie zu schenken, die keine Kinder bekommen konnte, oder es einfach *um die Ecke* zu bringen.

Keinen der Vorschläge hatte meine Mutter je befolgt und sie zog meine vier Schwestern alleine auf, als mein Vater Ende der 70er Jahre nach Deutschland ging, um als Küchenarbeiter im Restaurant seines Schwagers zu arbeiten. Dort lernte er, die chinesische Küche auf europäische Weise zuzubereiten. Mein Vater sparte Geld, um meine Mutter und meine vier Schwestern eines Tages nach Deutschland zu holen.

Mitte der 80er Jahre stieg meine Mutter zum ersten Mal in ihrem Leben in ein Flugzeug und reiste nach Deutschland. Dabei wurde meine zweite Schwester statt meiner großen Schwester mitgenommen. Ein Jahr später kam auch meine große Schwester nach Deutschland. Meine dritte und vierte Schwester lebten derzeit bei unserer Oma mütterlicherseits. 1988 wurde ich im Aachener Klinikum geboren.

Ein Jahr später kamen meine dritte und vierte Schwester ebenfalls nach Deutschland, und wir zogen dann gemeinsam in den bescheidenen Oberbergischen Kreis, in ein Städtchen namens Radevormwald.

(Bei „Radevormwald" zucken die meisten zusammen und fragen oft, wo das bitte schön liegt. Aber überraschenderweise kennen das auch sehr viele Menschen.)

Radevormwald hat etwas Eigenes: viel Grün, lange Landstraßen – sehr beliebt bei Motorradfahrern – und einen bekannten Gebrauchtwagenhändler (laut meinem Arbeitskollegen Markus, der mal in der Automobilbranche gearbeitet hat) gibt es dort auch.

Aus einfachen und ärmlichen Verhältnissen haben sie in kurzer Zeit ein wunderschönes China-Restaurant eröffnet, das in den ersten Jahren eines der wenigen asiatischen Restaurants im Umkreis von 15 bis 20 Kilometern war.

Menschen aus Halver, Remscheid-Lennep, Wuppertal und Lüdenscheid kamen zu uns ins Restaurant essen. Während meine vier Schwestern sich um den Service kümmerten, war mein Vater gemeinsam mit drei Küchengehilfen in der Küche. Unermüdlich im Einsatz war meine Mutter, die überall gleichzeitig agierte – im Service, hinter dem Tresen und in der Küche. Sie haben sich ein Imperium aufgebaut, in dem ich eine absolute Fülle an Essen und materiellem Wohlstand erleben durfte.

Dieses kleine *Imperium* haben sie nach über 12 Jahren an meine zweite Schwester übergeben und sich einem anderen gewidmet: einem Großhandel für Textilien, Schuhe und Spielzeuge. Dieses übergaben sie später an meine vierte Schwester – und das alles ohne Studium, Ausbildung oder fließendes Deutsch. Danach entschieden sie, in ihre Heimat zurückzukehren, um dort den nächsten Lebensabschnitt zu genießen.

Wie alles begann – Meine Begegnung mit Kevin

Es war nicht meine eigene Idee, 2012 im Land meiner Wurzeln zu arbeiten. Meine Mutter inspirierte mich dazu. Ich ließ mich darauf ein und setzte es um – doch vielleicht sollte ich etwas weiter ausholen, um den ganzen Zusammenhang zu erklären.

Da jede Mutter eigentlich nur das Beste für ihre eigenen Kinder will, wollte meine Mutter auch nur das Beste für mich. Ihre Mutter dachte damals auch, dass ihre Tochter es ohne Schwiegermutter besser haben würde als mit einer. Das würde meine Mutter wahrscheinlich nicht so sehen, aber sie hatte auch genaue Vorstellungen von ihrem zukünftigen jüngsten Schwiegersohn. Erstens sollte ich in meinen besten Jahren unter die Haube kommen.

Dann sollte der zukünftige Schwiegersohn jemand aus demselben chinesischen Dorf sein. Zur Not könnte es auch jemand aus den Nachbardörfern sein, die im Umkreis von 15 km liegen. Am besten sollte der Zukünftige bereits in Europa gelebt haben bzw. dort leben.

Meine Schwäger (dieses Wort musste ich tatsächlich googeln und wollte nicht wahrhaben, dass die Mehrzahl von Schwager Schwäger heißt) waren die besten Vorbilder.

Bis auf meinen ersten (mittlerweile Ex-) Schwager – er ist ein Ausländer aus Malaysia, dessen Vorfahren auch aus China stammen, aber bereits in Malaysia ihre Kinder bekommen haben – daher zählten sie aus Sicht meiner Eltern als Ausländer.

Sie alle waren in ihren zarten Teenager-Jahren nach Europa gekommen, entweder nach Italien, Frankreich oder Deutschland. Viel haben sie vom Land nicht gesehen. Alle haben irgendwo in einem Keller Tag und Nacht an Nähmaschinen gesessen oder in einem chinesischen Restaurant in der

Küche geschuftet. Aber mein Zukünftiger sollte ein Akademiker sein, der vielleicht auch in der Hotellerie arbeitet und womöglich ein paar Auslandssemester hinter sich gebracht hat.

Eine kurze Anmerkung zum Thema: in den besten Jahren unter die Haube kommen. Mit Anfang 20 begannen bereits alle in meiner Familie davon zu erzählen, dass ich unbedingt mit 25 Jahren verheiratet sein müsse. Ansonsten würde ich zu den alten Jungfern zählen, die keiner mehr haben will.

Auch wenn mein Bewusstsein rebellierte und ich meiner Familie gedanklich jedes Mal den Vogel zeigte, war ich tiefer in dieser Tradition drin, als mir lieb war. Unbewusst hatte ich alles geglaubt und wollte diese Tradition natürlich nicht brechen und auf keinen Fall als alte Jungfer sterben.

Also kündigte ich 2012 meinen Job als Guest Relation Manager im Mövenpick-Hotel in Zürich und flog nach Wenzhou.

Ein entfernter Cousin, fünften Grades, um genau zu sein, hatte mir ein Vorstellungsgespräch im Shangri-La-Hotel organisiert, einem der wenigen 5-Sterne-Hotels in Wenzhou (mit einer Einwohnerzahl von über 9 Millionen).

damals. Meine Mutter war begeistert: 5-Sterne-Hotel, Karriere in der Hotellerie und ich zurück in der Heimat meiner Eltern – was könnte besser sein?

Mein Vater fuhr mich damals zum Luxushotel Shangri-La. Schon von Weitem sah man das Gebäude mit bläulich-grünen Fenstern, das wie ein riesiges Feuerzeug aussah.

Ich wusste vom ersten Augenblick an, dass ich die Stelle bekommen würde. Der Hoteldirektor war ein charmanter, gutaussehender Endvierziger, mit dem ich mich eine gute halbe Stunde auf Englisch unterhalten habe. Mein Mandarin war zu der Zeit furchtbar. Ich verstand vieles, konnte aber nicht in vollständigen Sätzen antworten. Also wählten wir die englische Sprache.

Mir wurde ein *Management Trainee Year* versprochen. Was das genau war, wurde mir während der
Zeit im Shangri-La-Hotel bewusst. Ich konnte im
Oktober 2012 anfangen, denn bis September war
meine Vorgängerin in dieser Position eingestellt.
Es war ein Praktikumsjahr, in dem ich im Hotel
übernachten und essen durfte. Meine Mutter sagte,
dass ich mich wie eine Präsidentin verhielte (weil
ich es sehr genoss, in einem 5-Sterne-Hotel zu leben).

Aber die Realität war zunächst hart. Ich hatte
einen Kulturschock nach dem anderen. Von außen
sah ich aus wie die perfekte *China-Rückkehrerin*,
aber innerlich fühlte ich mich fremd und überfordert. Allein die Sprache machte mir zu schaffen.
Ich verstand viel, konnte aber nicht wirklich flüssig
sprechen.

Das Hotel wurde schnell zu meinem neuen Zuhause. Die Lobby, mit ihrem glänzenden Marmor
und den eleganten Kronleuchter wurde mein Ar-
beitsplatz.

Und genau hier traf ich Lara. Sie war groß, schlank, hatte diese elegante nordchinesische Art, die irgendwie unnahbar wirkte. Wir wurden trotzdem schnell Freundinnen, wahrscheinlich, weil wir beide *anders* waren.

Wir sprachen über alles Mögliche – Familiengeschichten, Träume, Zukunftspläne. Eines Tages erzählte sie mir, dass sie in die Sales-Abteilung wechseln wollte. Und genau dort, im Sales-Team, arbeitete Kevin. Und Bruce.

Bruce war aber bereits vergeben. Als Lara dann ins Sales-Team wechselte, wurde sie Kevin zugeordnet. Jedes Mal, wenn Lara mich in der Lobby traf, schwärmte sie von Kevin und wie gut ich zu ihm passen könnte. Kevin rauchte nicht, trank nicht und machte viel Sport. Er hatte in der Schweiz studiert, seine Mutter war Lehrerin und sein Vater Unternehmer.

Diese Punkte hatten mich irgendwie bereits völlig überzeugt, gemeinsam mit Lara und Kevin auswärts essen zu gehen.

Ich weiß, ich bin etwas einfach gestrickt. Aber so war beziehungsweise bin ich. Ich muss dazu sagen, dass ich vor Kevin nicht viele Liebesbeziehungen hatte und die Sehnsucht nach Nähe und einer Partnerschaft groß war. Natürlich wollte ich unbewusst auch nicht zu den alten Jungfern gehören und bald meinen Traumprinzen heiraten. Ganz nach dem Motto: Der nächste muss es werden! Kevin war, so entschied ich, mein Prinz auf dem weißen Schimmel.

Und vielleicht geht es vielen Frauen so – dieses Gefühl, dass es jetzt klappen muss, weil die Zeit reif ist, weil man endlich ankommen will. Ich fand auch heraus, wann er Geburtstag hatte.

Zu der Zeit hatte ich eine indische Freundin, die mich in die Welt der Numerologie eingeführt hatte. Sie erzählte mir von verschiedenen Zahlenkombinationen – welche Zahlen am besten für ein Ehepaar geeignet wären und welche eher nicht. Natürlich passte unsere Zahlenkombination und ich freute mich sehr.

Außerdem überprüfte ich Kevins Sternzeichen und meines, ob beide kompatibel seien. Ich sah schon einige Disharmonien im Astro-Chart, war mir aber sicher, dass wir das mit dieser Verliebtheit schon bis in alle Ewigkeiten schaffen könnten.

(Ja, die Astrologie hat mich seit Kindesbeinen an sehr begeistert, aber ich weiß heute – egal, wie die Sterne stehen oder nicht, wir können alles sein, was wir wollen und was uns Freude macht, unabhängig davon, welche Zahl oder welches Sternzeichen wir haben.)

Ich fühlte mich wie die Kaiserin der Liebe. Alles um mich herum war rosarot betupft. So kam ich im Juni 2013 mit Kevin zusammen.

KAPITEL 3

Abschiedsritual mit dem Haus

Im Flugzeug hielt ich die Idee mit dem Fotoalbum für Kevin und mich in meinem Notizbuch fest. Das brachte mich in Gedanken an das Abschiedsritual, das ich mit unserem gemeinsamen Haus durchgeführt hatte.

Als ich im Juli 2022 ausgezogen war, war es der perfekte Zeitpunkt für einen Verkauf gewesen. Zu der Zeit waren die Zinsen für einen Kredit niedrig und Häuser im Berliner Speckgürtel hoch begehrt.

Aber Kevin blieb bis Ende Januar 2023 im Haus, in der Hoffnung, dass ich doch wieder zurückziehen würde.

Sein Festhalten an dieser Illusion machte die Situation für mich nicht einfacher. Immer wieder fragte ich mich, ob ich ihn und die Kinder im Stich ließ, doch tief in mir wusste ich, dass diese Trennung notwendig war.

Als er auszog, stand das Haus genau ein Jahr leer. Wir beide mussten die Kreditsumme und allerhand Nebenkosten weiterhin bezahlen. Die Zinsen stiegen gleichzeitig rapide an, was einen Verkauf des Hauses erschwerte. Obwohl wir zwischenzeitlich eine Maklerin engagiert hatten, ließ sich das Haus darüber auch nicht verkaufen.

Die ganze Situation ließ mich verzweifeln und ich wollte es so schnell wie möglich vom Tisch haben. Der Verkauf zog sich hin, also suchte ich nach Alternativen – Vermietung vielleicht? Doch Kevin blieb bei seiner Meinung.

Ich grübelte darüber nach, warum das Haus noch immer leer stand. Eines Tages brachte Nadia (ein Engel auf Erden) meine Gedanken mit einem einzigen Satz auf den Punkt: „Vielleicht fühlt sich das Haus schuldig und kann gar keine neue Familie in sich aufnehmen."

Dieser Satz ließ mich innehalten. Daran könnte was sein, dachte ich. Wenn wir als Familie energetisch noch am Haus hängen und noch gar nicht losgelassen haben, kann es sein, dass es noch nicht zur Verfügung für eine neue Familie steht.

(Wieder-) Begegnung mit dem Haus

Im Sommer, ein Jahr nach meinem Auszug, durfte ich mit den Kindern das Haus unserer Nachbarn gegenüber für zwei Wochen bewohnen. House-Sitting inklusive Garten. Wenn ich aus der Küche schaute, blickte ich direkt auf die vordere Fassade unseres Hauses.

In den ersten Tagen hatte ich ein sehr unwohles, beschämtes Gefühl in mir, wenn ich aus dem Küchenfenster lugte. So, als würde ich jemandem mit einem schlechten Gewissen begegnen. Das wollte ich keinesfalls auf mir sitzen lassen und so schnell wie möglich für Klärung sorgen.

Nach einer Woche nahm ich mir vor, einfach rüberzugehen, mich still im Wohnzimmer niederzulassen und ein Gespräch mit dem Haus zu führen. Ein Dialog, um Klarheit zu schaffen. Nach Marie Kondos Buch und Philosophie vertrete auch ich die Ansicht, dass jedes Ding eine Seele oder ein Bewusstsein hat. Mit einem Schwung voller Entschlossenheit marschierte ich aus dem Haus der Nachbarn auf unser Haus zu, schloss die Haustür auf und nahm einen neutralen Geruch wahr.

Ich hatte das Haus nach Kevins Auszug ein paar Wochen später auf eine schamanische Art und Weise energetisch gereinigt. Es war ein Ritual mit Räucherwerk. Dieses Ritual beschrieb mir eine Hellseherin, die ich um Rat gebeten hatte, als ich mich endgültig von Kevin trennen wollte.

Sie hatte mir folgendes Ritual mit auf den Weg gegeben - mit Weihrauch auf ein Stück Räucherkohle jedes Zimmer mit geschlossenen Fenstern im Uhrzeigersinn dreimal mit einem Gebet ausräuchern. Die Fenster sollten bis zum Schluss geschlossen bleiben. Danach sollte man sich mit Badesalz und Weihwasser baden. Die getragenen Kleider ausziehen und unbedingt waschen.

Im Bad gab es auch noch ein Gebet, das ich aufsagen sollte. Nach der Prozedur konnte ich alle Fenster öffnen. Ich bin im Haus nicht mehr baden gegangen, das hätte sich komisch angefühlt. Dafür bin ich zu mir in die Wohnung zurückgefahren und habe dort das Baderitual vollzogen.

Das Haus war danach gefühlt viel sauberer und klarer. Ein Nachbar durfte noch eine Zeitlang mit seinem Cello für einen seiner Auftritte in Ruhe proben und gab zu der Zeit auch noch gute Vibes ins leere Haus. Alles in allem war das Ritual für mich sehr hilfreich und kraftvoll. Das Gleiche tat ich mehrere Male in meiner neuen Wohnung - vor allem, wenn die Kinder nach dem Aufenthalt bei

Kevin wiederkamen. Ich hatte das Gefühl, dass es nach dem Ritual wieder ruhiger und entspannter wurde in der Wohnung.

Aufregung und peinliche Berührung breiteten sich über meinen ganzen Körper aus, als ich im Flur stand. Vorsichtig ging ich in das leere, offene Wohnzimmer und setzte mich mit dem Rücken an die Wand, wo damals das Sofa stand, auf den Boden und schloss die Augen. Ein paar Minuten vergingen, und mir fiel ein, dass ich nur einen Schlüsselbund mitgenommen hatte. Der Schlüssel vom Nachbarhaus lag im Nachbarhaus.

O nee, Scheiße ... Wie komm ich wieder drüben rein? Wer könnte noch einen Ersatzschlüssel haben? Ist die Terrassentür vielleicht noch auf? Ein Fenster? Ja, das Klofenster ist auf Kippe ... das muss doch bestimmt irgendwie aufzukriegen sein ... Ich suche mal bei YouTube.

Ich öffnete meine Augen, griff nach meinem iPhone und gab bei YouTube: „gekipptes Fenster von außen öffnen", ein. Nach einer Millisekunde gab mir YouTube einen Katalog voller Videos, die allesamt zeigten, wie ich ein gekipptes Fenster von außen öffnen kann. Dafür brauchte ich nur ein Seil und eine leere Küchenpapierrolle. *Das müsste ich hinbekommen!*

Bevor ich mir ausmalte, die benötigten Utensilien im Notfall bei anderen Nachbarn aus der Straße zu erfragen, besann ich mich wieder und erinnerte mich, warum ich eigentlich im Haus war. Ich wechselte den Platz und wanderte die Treppen hoch in die erste Etage. Intuitiv steuerte ich das gemeinsame Schlafzimmer an und setzte mich auf die Betttruhe (eins von den wenigen Dingen, die im Haus geblieben waren). Ich konnte mich mit dem Rücken gemütlich an das Boxspringbett anlehnen und endlich mit der Absicht, ein Gespräch mit dem Haus zu führen, beginnen.

Gut, also da wollen wir mal … Hallo, Haus. Puh,...fühlt sich das schwer an …

Ich fühlte mich tatsächlich sehr mies dabei, meine Schultern verspannten sich, am liebsten wollte ich wieder aufstehen und gehen. Die Aufregung legte sich.

Lange passierte nichts, ich beobachtete das Gebrabbel in meinem Kopf: *Wo bekomme ich nur eine leere Küchenrolle her?*

Vielleicht liegt ja eine in der Papiertonne … Ja, da ist bestimmt eine. Und das Seil, ja, das finden wir bestimmt irgendwo im Garten, wenn nicht, dann frage ich bei … Wie das dann aussieht, wenn ich da durch ein Fenster klettere?

Ich bin schon eine Kamikaze-Diebin … Ja ja …Yin - die Kamikaze-Diebin, … Okay, ich schweife hier mal wieder dermaßen ab. Ich will gar nicht hier sein. Mann, ist das scheiße hier … Ja, schuldig fühlst du dich. Warum eigentlich? Und bevor ich eine Antwort erwartete, antwortete das Haus schon.

Haus: *Weil ich versagt habe.*

Ich: *Wieso?*

Haus: *Ich bin kein Zuhause mehr für Euch.*

Ich: *Dafür kannst du doch nichts. Das war unsere Entscheidung.*

Plötzlich fühlte ich mich unendlich schwer, als wäre ein Zentner Blei über mich gekippt worden. Der Dialog setzte sich fort, und ganz langsam stieg der Schmerz in mir auf.

Tiefe Trauer überkam mich, in mir zogen sich Bilder vom gemeinsamen Familienleben im Haus ab. Szenen beim Abendessen mit den Kindern, die Kinder in der Badewanne, die Nachbarskinder bei uns usw. huschten vor meinem inneren Auge vorbei.

Es tut mir so unendlich leid, dass wir es als Familie nicht geschafft haben. Du warst ein wunderbares Zuhause für uns alle, meine Kinder haben es geliebt, Kevin hat es geliebt, ich habe mich immer sicher und wohl gefühlt. Du hast uns Schutz geboten. Ich weiß, dass wir hier viele unschöne Dinge erlebt haben. Du hast all den Streit mitbekommen und ausgehalten. Du bist ein wunderbares Haus, du sollst dich nicht schuldig fühlen. Du hast es verdient, dass sich eine Familie wohl in dir fühlt.

Ich sprudelte gedanklich noch einige Sätze weiter vor mich hin, während viele Tränen über mein Gesicht kullerten und auf meine Hose tropften.

Aus meiner Hosentasche nahm ich die mitgenommenen Taschentücher in die Hand und wischte mir die Tränen aus dem Gesicht.

Während ich ins Taschentuch schniefte, ergoss sich das Hawaiianische Vergebungsritual aus mir heraus.

Es tut mir so leid, bitte vergib mir, ich liebe dich, ich danke dir.

Ich wiederholte diese vier machtvollen Sätze immer und immer wieder, bis sich die Tränen einstellten und die Schwere in mir wich. Meine rechte Hand berührte die Wand vor mir.

Ich wünsche mir, dass du wieder glücklich wirst, dass du ein wunderschönes, sicheres Zuhause für eine neue Familie wirst.

Durch das Berühren der Wand hatte ich das Gefühl, dass das Haus einwilligte. Dann fragte ich nach, ob es noch etwas von mir brauche:

Ich: *Brauchst du noch etwas von mir?*

Haus: *Ja.*

Ich: *Was soll ich tun?*

Haus: *Reinige mich.*

Ich: *Äh ... Also, du meinst putzen und so?*

(Seit dem Auszug von Kevin waren bereits einige Monate vergangen, damals hatte ich das Haus großflächig gesäubert und ausgeräuchert - nun hatten sich Staubwolken in fast jeder Ecke gebildet.)

Haus: *Ja.*

Ich: *Kann ich hierfür auch eine Reinigungsfirma beauftragen? Die macht das professionell, weißt du ...*

Haus: *Ich möchte, dass du das machst. Mache mich sauber.*

Ich: *Och menno ...*

Natürlich erwies sich das als Abschiedsritual. Als Wertschätzung dafür, dass es für uns als Familie knapp 4 Jahre ein Zuhause gewesen war. Ich fing sofort an … nachdem ich durch das Gäste-Klofenster meiner Nachbarn geklettert war.

Völlig verheult, dennoch glücklich und zielsicher ging ich an die Papiertonne der Nachbarn ran. Gott sei Dank war die Mülltone halbwegs voll und ganz weit oben lag eine leere Klopapierrolle. *Jetzt fehlt nur noch das Seil!* Neben dem Eingang meiner Nachbarn war ein Schränkchen voller Bälle, Straßenkreide, Tischtennisschläger, Badmintonschläger, Frisbee und einem Seil.

Das Seil hatte ich oft an einer Platte mit vier Rollen und einer der Nachbarskinder oder meiner Kinder draufsitzend und ziehend gesehen. Es ist kein allzu dickes Seil, weniger als 1 cm Durchmesser und perfekt für meine durch-das-gekippte-Klofenster-Aktion.

Im YouTube-Video sah es ganz leicht aus: Seil durch die Küchenpapierrolle, in meinem Fall, Klopapierrolle. Danach durch die waagerechte Öffnung des Fensters geschickt auf den Fenstergriff überstülpen. Seil rechts und links in gleicher Länge positionieren, Fenster schließen (indem man an beiden Seilenden zu sich heranzieht).

Und dann kam der kniffligste Part der ganzen Sache, wobei meine Hand danach aussah, als hätte mich eine Katze attackiert. Während meine linke Hand das Seil spannte, manövrierte die rechte mit der Klopapierrolle den Fenstergriff langsam in die Waagrechte.

Ein paar Mal rutschte mir die leere Klopapierrolle vom Griff und ich fing von vorne an. Mittlerweile waren bereits bekannte Nachbarn aus den anderen Häusern fragend vorbeigegangen.

Nachbarn von den anderen Häusern: Können wir dir helfen?

Ich: Nee, schon okay, ich komme klar, ansonsten komme ich rüber und klingele.

Fragenden Blickes und sich immer wieder zu mir umschauend, wie ich am Gästeklo stand, gingen sie Richtung deren Haus. Eine andere Familie tat so, als würde sie mein ominöses Verhalten gar nicht mitbekommen, und schlenderten belanglos vorbei.

Der Vorteil war, dass sie mich ja kannten und mich sowieso in der Vergangenheit als Inventar bei den Nachbarn, wo ich das House-Sitting praktizierte, sahen.

Nach gefühlten hundert Versuchen und einem durchgeschwitzten T-Shirt sprang das Fenster auf und ich kletterte glücklich und triumphierend durch das Gästeklo meiner Nachbarn durch. Das Adrenalin in mir wich den Endophinen und ich kicherte glucksend vor mich hin.

Yin - die Kamikaze Diebin - kein gekipptes Fenster ist vor ihr in Sicherheit. Gleichzeitig durchfuhr mich ein Angstschauer. Ich schloss abrupt das Klofenster zu und ließ die Jalousien so weit nach unten, sodass nur noch durch zwei Streben das Licht durchscheinen konnte. Ich lief durch das ganze Haus und schloss alle gekippten Fenster und ließ die Jalousien herunter.

Wenn ich das kann, dann ist es ja für einen echten Einbrecher ein Kinderspiel ... Lange hielt ich mich mit den Angstgedanken nicht auf.

Ich schnappte mir Gummi-Handschuhe und ein paar weitere Putzutensilien und stampfte wieder rüber zum leerstehenden Haus. *Auch hier werde ich, wenn ich fertig mit der Reinigung bin, alle Fenster und Jalousien herunterlassen.*

Die Küche war der Ort, an dem ich mich nach dem Schlafzimmer die meiste Zeit aufgehalten hatte. Ich hatte mir in all den Jahren das Backen und Kochen durch YouTube-Videos selbst beigebracht. Es spendet mir Kraft und Freude, Dinge entstehen zu sehen und danach sogar einnehmen zu können.

Die gesamte Küchenplatte war verstaubt und in den einzelnen Ecken waren Spinnweben zu sehen. Beim Putzen lief ein innerer Film an Erinnerungen ab.

Ich erinnerte mich an die Zeiten, als Kevin für uns gekocht hatte, wie akribisch er die Küchenschränke nach jedem Mal, wenn er gekocht hatte, mit dem Lappen abwischte. Wie wir uns gemeinsam für einen BORA-Herd entschieden hatten, weil die Dunstabzugshaube statt oben an der Wand direkt im Herd integriert war.

Ich empfand Dankbarkeit und erkannte, wie sehr er seine Liebe zum Haus ausgedrückt hatte. Nur hatte ich das viel zu spät erkannt. Daher bedankte ich mich während des Putzens gedanklich bei ihm - für seine Fürsorge und Pflege an das Haus.

So ging ich Raum für Raum durch; Ess- und Wohnbereich, Abstellkammer, Gäste-WC, Eingang, Garderobe, Schlafzimmer in der 1. Etage, Kinderzimmer 1. Etage, Badezimmer, Arbeitszimmer 2. Etage, Gästezimmer (oder auch das andere Schlafzimmer. Kevin und ich hatten seit dem Einzug im Haus nicht lange in einem Bett geschlafen), Gäste-WC 2. Etage (ja, es gibt auf jeder Etage ein Klo).

In jedem Zimmer bedankte ich mich, in jedem Zimmer kamen die verschiedenen Erinnerungen mit Kevin und den Kindern hoch. Auf dem Fußboden des Wohnzimmers waren deutlich die Spuren der Wut- und Frustausbrüche von unseren gemeinsamen Diskussionen zu sehen. Kleine Rillen, Schrammen und Kratzer. Ich erinnerte mich an Vasen, die Kevin mit voller Kraft auf den Boden eingeschlagen hatte. Spielsachen der Kinder waren auf den Boden gehämmert worden. All die Narben berührte ich beim Putzen noch einmal.

Die längste Bodennarbe war direkt im Erdgeschoss neben der Treppe. Die hatten wir direkt kurz nach unserem Einzug bekommen: Wir bekamen das Bett (oder es war ein anderes Möbelstück, ich kann mich nicht mehr genau daran erinnern) geliefert und eines der Teile hatte eine scharfe, spitze Kante. Die Teile wurden von zwei topmotivierten polnisch-sprachigen Männern geliefert. Ich befand mich zu der Zeit beim Einkaufen. Jedenfalls war nach der Lieferung ein ungefähr 40 cm langer Kratzer direkt neben der Treppe zu sehen.

Erst, als die beiden Zusteller weg waren, fiel Kevin der Kratzer auf dem Boden auf.

Völlig entsetzt und im vorwurfsvollen, bestimmten Ton sprach er zu mir. „Das waren die, die haben das Paket nicht angehoben. Ruf sie sofort an!"

Ich reagierte gelassen und fragte, ob er sich sicher sei. „Allerdings ist es auch schon zu spät, die Lieferanten jetzt zu kontaktieren, weil sie ja bereits weg waren", antwortete ich genervt. Wir waren echt kein Team zusammen.

Nachdem ich die Treppe zuletzt von oben nach unten gewischt hatte, war ich durchgeschwitzt und fühlte mich zugleich erleichtert. Der Reinigungsprozess glich so in etwa der Reinigung eines geliebten Menschen nach seinem letzten Atemzug.

Ich verabschiedete mich vom Haus und hielt mir ein Bild am iPhone fest. Die Sonne schien durchs Fenster und brachte Licht ins Haus. Fast schien es so, als würde das Wohnzimmer mich glücklich anlächeln.

Es war ein sehr heilsames Ritual für mich und das Haus. Bevor ich das Haus verließ, äußerte ich mich gedanklich zum Haus: *Ich gebe dich und mich jetzt frei. Du bist jetzt frei für eine neue Familie. Ich bin dir sehr dankbar, dass du uns all die Jahre Sicherheit, Geborgenheit und Schutz geboten hast. Das darfst du jetzt an eine neue Familie weitergeben. Ich wünsch es mir sehr.*

Behutsam schloss ich die Haustür hinter mir zu.

Dass eine Ehe geschieden wird, ist heutzutage selbstverständlicher geworden als damals. In meiner Familie bin ich die Zweite, die diese Tradition der Ehe gebrochen hat.

Meine große Schwester ist auch geschieden. Allerdings kenne ich ihre Geschichte nicht im Detail. Ich hatte den Anspruch an mich selbst, das Beste aus der gescheiterten Ehe herauszuholen.

Rückblickend war es bislang die größte Lektion meines Lebens. Die Chance zu erhalten, sich bis ins tiefste Mark kennen und verstehen zu lernen, bietet dir keine Universität der Welt an. Dafür gibt es die zwischenmenschlichen Beziehungen.

Das Herausforderndste an der ganzen Sache ist, die Einsicht nachhaltig umzusetzen. Wie oft wollte ich einfach recht behalten und den Stress mit Kevin multiplizieren. Die Rollen als Held, Täter und Opfer wurden von uns abwechselnd unbewusst gespielt. Das kostete unglaublich viele Nerven, Kraft und Augenringe.

War es das alles wert? Worum ging es hier wirklich? Diese Fragen stellte ich mir täglich mehrfach. Während und nach der Trennung wurden die beiden Fragen immer präsenter.

Gegen Ende waren meine Antworten klar wie Kloßbrühe: *Frieden! Ich will einfach endlich Frieden zwischen uns.* Oder: *Das Arschloch kann mich schön an den Füßen lecken!*

Leider war mein Inneres recht klar in seiner Ausrichtung:

Herz: *Nun, wenn du Frieden haben möchtest, handle demnach auch so.*

Ego: *Ja, du hast gut reden. Noch mehr Verständnis und Mitgefühl, genau … Immer wieder die gleiche Leier. Kannst du mal ´ne neue Platte einlegen?*

Herz: *Du kennst die Antwort. Du bist frei in deiner Entscheidung.*

Ego: *Blablabla … Ach, halt´s Maul!*

Mein Herz blieb ruhig. Wenn die Überforderungen des Alltags mich erstickten, die Kinder laut waren und die Ungewissheit mir im Nacken saß, schickte ich aus Verzweiflung und Hoffnung eine Drohung an Kevin oder irgendwelche Fragen, auf die ich die Antwort sowieso kannte.

Ich nahm es als Ventil. Wenn ich einsah, dass es nichts brachte, ihn um Hilfe zu bitten, ging ich auf meine Kinder los. Wie oft schrie ich sie an und verkroch mich danach beschämt unter die Bettdecke.

Der Selbsthass und die übelsten Selbstvorwürfe umarmten mich ganz innig. In solchen Momenten rief ich die Telefonseelsorge an. Oft war die Leitung frei und ich redete mir die Seele vom Leib. Anfangs immer unter Tränen der Wut und Verzweiflung.

(An dieser Stelle möchte ich mich für die Möglichkeit, bei der Telefonseelsorge zu jeder Tageszeit anrufen zu können, zutiefst bedanken!)

Dann gab es auch Tage, wo die Leitungen stets belegt waren. Und ich entschied mich für Social Media. Stundenlanges Scrollen. Wie ein Zombie konsumierte ich Videos und Reels oder Shorts. Das lief monatelang so ab. Natürlich löste das mein Problem nicht.

Irgendwann sah ich mir gezielt lustige oder emotionale Videos an, damit ich dem Gefühls-Cocktail der Wut, Verzweiflung, Ohnmacht, Einsamkeit und Hilflosigkeit durch meine Tränen einen Ausdruck verleihen konnte.

Ich wusste, es geht auch anders. Viel einfacher. So einfach, dass es (oft) viel zu schwer war: Augen schließen und präsent sein. Die Gedanken und Gefühle einfach da sein lassen …

KAPITEL 4

3. Januar 2024

Mein Geburtstag rückte näher, und ich zog Bilanz über die letzten Jahre. Die ganze Krise hatte auf ihre Weise viel Gutes zu bieten.

Von außen betrachtet, hatte ich meinen Ehemann, das gemeinsame Familienhaus, das schicke Auto und das gesellschaftliche Ansehen verloren.

Doch was ich dafür gewonnen hatte, waren Aufrichtigkeit, Ehrlichkeit, Tapferkeit, Mitgefühl,

Wertschätzung, Dankbarkeit und vor allem (Selbst-)Vergebung, Selbstwirksamkeit und eine große Portion Selbstliebe. All dies sind Dinge, die ich nicht im Supermarkt oder anderswo kaufen kann. Sie sind unsichtbar, aber spürbar, wie der Wind, der uns durch die Haare weht.

Was konnte ich nun mit all dem Unsichtbaren anstellen? Wer hatte mir all diese unsichtbaren Herrlichkeiten des Menschseins ermöglicht?

Nun, da war er wieder: Kevin.

Kevin war nie die große, reife Liebe für mich gewesen. Es hätte sich vielleicht so entwickeln können, aber dafür braucht es die Bereitschaft von beiden, die es wirklich wollen. Unsere Beziehung ist eher ein Zusammen-Sein-Müssen gewesen, eine mentale Illusion jenseits der Realität nach der Rosarote-Wolken-Phase.

Diese Phase hatte nicht lange angehalten, weil uns das Schicksal mit der ersten Fehlgeburt beschenkte – eine Chance, damals unsere Beziehung von Grund auf zu überdenken.

Hätten wir es anders gemacht, vielleicht wären wir dann nie in dem Drama gelandet, von dem ich in den folgenden Seiten berichten werde. Es hätte vielleicht auch nicht zu dieser (meiner/unserer) Geschichte geführt, die am Ende jedoch eine Sinnhaftigkeit erhielt, die für dich vielleicht eine neue Sichtweise auf Ehe, Partnerschaft und Trennung eröffnen kann.

Denn letztlich spielt es für das Herz keine Rolle, ob wir verheiratet sind oder nicht. Das Herz liebt – und wenn es nicht mehr liebt, dann trauert es, mit oder ohne Trauschein.

4. Januar 2024 - Mein Geburtstag

Kevin holte sie an meinem Geburtstag ab. Die Jungs freuen sich jedes Mal, wenn sie Papa sahen. Er gratulierte mir nicht, wobei ich es von seinem Anstand erwartet hatte. Da fiel mir ein, dass er mir im letzten Jahr ebenfalls nicht gratuliert hatte.

Ich verabschiedete mich von den Kindern und ging nach Hause. Später telefonierte ich mit meiner Nichte, die auch am selben Tag Geburtstag hatte, und ging früh ins Bett.

Am nächsten Tag fing ich an, in einem neuen Notizbuch meine Gedanken niederzuschreiben. Neues Lebensjahr, neues Glück. Irgendwie kam mir der Gedanke an meinen Vornamen in den Sinn. Ich habe mich bereits einige Male mit meinem Vornamen auseinandergesetzt. Stets stellte ich mich mit: „Mein Name ist Yin - wie Yin und Yang", vor.

Diese sich gut einprägende Eselsbrücke lässt so manchen meinen Namen nicht vergessen. Ich machte mir bewusst, was mein Vorname bedeutet. *Yin* bedeutet, etwas heranziehen, anlocken, führen, leiten.

Meinen Nachnamen finde ich persönlich sehr schön: *Jen* - steht für Verpflichtung, Verantwortung übernehmen.

Die Geschichte dahinter ist ganz spannend: Zu der Zeit im Mutterleib erlebten meine Eltern eine große Krise. Das Restaurant, welches sie angemietet hatten, gehörte einer Bierbrauerei. Diese hatte nur die direkte Verbindung zum Vermieter.

Irgendwann stand mein Vater vor verschlossener Tür und konnte das Restaurant nicht weiterführen, weil irgendwas mit der Weiterleitung der Miete zwischen der Brauerei und den Vermietern nicht stimmte.

Tagelang waren meine Eltern in Sorge, Angst und Unsicherheit - und ich badete in diesem Gefühlsbad in meiner Mutter, ohne jegliche Filter. Das lang ersparte und hartverdiente Geld ging zum Teil darauf. Gott sei Dank hatte meine Mutter noch etwas Geld unter ihrem Kopfkissen versteckt.

So machten sie sich weiter auf die Suche nach einem neuen Restaurant. Durch eine andere Brauerei fanden sie schließlich eine Gaststätte in Radevormwald, die ihr Anwesen mitverkaufen wollte.

Obwohl meine Eltern sich nicht sicher waren – es gab in Radevormwald weit und breit nichts – entschieden sie sich dennoch, das Restaurant zu kaufen, mit Hilfe einer Bürgschaft meiner Schwester bei der Bank.

Mitten in diesem ganzen Trubel wurde ich geboren. Und meine Mutter hatte bereits eine klare Eingebung, welches Geschenk ich für die Familie mitbrachte:

Die Verpflichtung/Verantwortung (Jen) heranzuziehen (Yin).

Der Familienname wird in China stets als erstes genannt, daher *Jen, Yin*. Aber mein Name hat sich nochmals geändert, als mein Reisepass beantragt worden ist. Damals hatten wir alle noch die chinesische Staatsbürgerschaft.

Die Sachbearbeiter der chinesischen Botschaft fanden meinen Namen *Jen, Yin* nicht schön, sie ergänzten meinen Namen mit *Jen, Yin Yin*. Das zweite *Yin* bedeutet silber. Ich hatte nun die

Verantwortung Silber (Geld) in die Familie heranzuziehen. Und das klappte ziemlich gut.

Seit Tag 1 der Restauranteröffnung war die
Bude rappelvoll. Die meiste Zeit passte meine
viertälteste Schwester Chunli auf mich auf. Sie
wurde wie eine kleine Mama für mich.

Nun hatte ich meine Mission in der Herkunfts-
familie erfüllt, aber wie sah es nun für mich jetzt
aus in Bezug auf „die Verantwortung, Silber heranzuziehen"? Meine finanzielle Lage war immer
okay. Ich konnte alle meine Kosten abdecken und
hatte auch Geld zum Sparen übrig, aber das Volu-
men an Geld, das meine Eltern erwirtschaftet hatten, hatte ich noch lange nicht. Aber wenn das für
sie ging, dann musste das ja auch für mich gehen!

Mein Fazit ist, dass mein Name eine enorme
Richtung bzw. Prägung mit sich bringt und mir
möglicherweise erklärt, warum mir so einiges passiert oder auch was meine Aufgabe in diesem Leben sein kann. Auf jeden Fall lohnt es sich, meiner
Meinung nach, sich mit dem eigenen Namen

auseinanderzusetzen und das eigene Leben Revue passieren zu lassen.

Allerdings nennen mich meine Familienmitglieder nur *yinyin*, ich stelle mich nur mit *Yin* vor und auf meinem Pass steht auch nur ein *Yin*.

Der Weg der Trennung

Ich dachte, der Weg der Trennung wäre einfach. Man trennt sich einfach, und gut ist. Aus dem Auge, aus dem Sinn. Menschen, die sich trennen, haben einfach nicht genug gekämpft, so dachte ich. Sie wählen den einfacheren Weg und flüchten somit in die nächste Falle.

Mir kann und darf das nicht passieren, ich werde alles dafür tun, dass meine Ehe hält, dass meine Kinder mit beiden Elternteilen zusammen aufwachsen - komme, was wolle.

Doch so kam alles, was ich *nicht* wollte. Jedes Mal, wenn ich alleinerziehende Frauen traf, überkam automatisiert ein Hauch von unbewusster Ablehnung und Verabscheuung.

Meine Gedanken erzählten mir Dinge wie die oben beschriebenen. *Die hat es sich ja leichtgemacht. Jetzt steht sie da ohne Mann. Was für eine Versagerin. Die hat ja keine Ahnung vom Kampfgeist. Mir wird das nie passieren.*

Als sich die Situation zu Hause immer weiter zuspitzte und die Luft dünner wurde, kam ich diesen Gedanken immer näher. Natürlich waren auch die Stimmen meiner Familienmitglieder, meiner Schwestern, meiner Mutter sehr präsent.

Du hast ja jetzt zwei Kinder von ihm, also wer würde dich denn nachher noch nehmen wollen? Durch die Blume gesagt: du bist Second-Hand-Ware und die kauft nicht jeder gern ein. Verbraucht, gebraucht, wertlos. Ich habe es so lange geglaubt, bis das Leiden zu groß war. Der Schmerz und die Bereitschaft, Tag für Tag zwischen den Seilen zu hängen, energielos und deprimiert zu sein, war kein fairer Kompromiss mehr für mich.

Ich hatte nicht nur die Verantwortung für mein Wohlbefinden, sondern auch für das der Kinder. Wenn ich bleiben sollte und als Versagerin in der Welt rumlaufen würde, dann würde ich das in Kauf nehmen. Wenn das der Preis war, den ich zahlen musste, würde ich ihn zahlen. Keine Sekunde länger konnte ich auf eine Veränderung von Kevin warten.

Meine dritte Schwester sagte einmal zu mir: „Wir alle können gut reden, was praktisch ist, wenn aber die Handlung zum Gerede nicht passt oder schlichtweg nicht vorhanden ist, dann sollten wir lieber ganz die Klappe halten."

Ich hielt meine Klappe. Nun hieß es zu handeln. Schritt für Schritt. In Michendorf, wo ich nun lebe, gibt es wenige Wohnhäuser mit Mietwohnungen. Es sind überwiegend einzelne Familien-, Reihenmittel- und Doppelhäuser.

Meine Chance, eine Mietwohnung zu bekommen, war gering - aber vorhanden. Eines Tages im Februar 2022 war der Tag, der die Umsetzung, ohne mit der Wimper zu zucken, ins Rollen brachte.

Ich kann mich erinnern, dass wir zu der Zeit beide den Corona-Virus auskuriert hatten und noch nicht wieder so ganz fit wie ein Turnschuh waren. Die Kinder waren tagsüber in der Kita oder Schule und ich war zu der Zeit beim kläglichen Aufbau meiner Selbstständigkeit als Heilerin. Ich übte eine Heilmethode namens Theta-Healing aus und gab Seminare dazu.

Die meiste Zeit arbeitete ich an unserem Mac-Book, den Kevin damals gekauft hatte. An jenem Tag hatten Kevin und ich eine Diskussion und kamen wie immer nicht auf einen Nenner. Irgendwann kam es wieder an den Punkt, dass wir uns doch scheiden lassen sollten. *Ja, die gleiche Leier ...* dachte ich.

„Lass mich bitte jetzt in Ruhe, mir geht es nicht gut. Wir bräuchten einen Anwalt, um das ganze hier zu klären. Einer von uns muss ja dann die Scheidung auch beantragen."

„Ja, mach doch!", war seine Antwort.

„Mir geht es aber gerade scheiße, kannst du mich bitte jetzt in Ruhe lassen? Morgen ist auch noch ein Tag und ich kann mich dann darum kümmern. Kommt ja auch nicht mehr auf den einen Tag an."

Morgen war für ihn die Antwort, in die Umsetzung zu kommen. Leider nicht einen Anwalt zu konsultieren oder einen Plan zu machen, wie wir es mit dem Haus und den Kindern organisieren sollten. Die Umsetzung sah so aus, dass er das MacBook wie ein KitKat teilte.

Zu der Zeit war ich in engem Kontakt mit Britt. Britt ist und war eine meiner MentorInnen, die mich durch einige Krisen begleitet hatte. Das Coaching mit Britt war bereits einige Wochen beendet, doch wir hatten immer noch sporadischen Kontakt.

Als ich den Schaden vom MacBook sah, durchfuhr mich ein gemischtes Gefühl von Angst, Panik, Entsetzen, Verwirrung, Ungläubigkeit, Fassungslosigkeit, Übelkeit und Beklemmung.

Gleichzeitig meldete sich sofort der Krisenmanager in mir und hatte direkt einen Plan, wann und wo das MacBook repariert werden konnte. Die Tasten und der Bildschirm waren ja unbeschädigt, es brauchte nur die Verbindung wieder zueinander, dann müsste es ja wieder gehen.

Mein Optimismus strahlte sanft in mir. Trotzdem fühlte es sich sehr wackelig an, als würde ich balancierend im Zirkus 10 Meter über der Erde auf einem langen Seil stehen. Mit einem Seil, das spitze Dornen hatte wie bei Rosen.

Mit diesem Gefühls-Cocktail in mir verließ ich das Haus und schrieb Britt eine Nachricht um Hilfe. Wir konnten miteinander telefonieren, arbeiten und reflektieren, wo die Ursache für diesen Gefühls-Cocktail herkam.

Ich hätte ohne eine andere Ursache auch erschrocken reagiert, aber hier schüttelte sich mein Körper vor Panik.

Wir kamen in meiner Kindheit an, dass ich dasselbe Gefühl ansatzweise schon mal gefühlt hatte. Damals aber nicht die Kraft und den Mut hatte, es vollkommen da sein zu lassen. Also war es von mir eingefroren und tief begraben worden.

Nun kam mir der Vorfall zugute, um die eingefrorenen Gefühle jetzt ganz bewusst zu durchfühlen bzw. einfach da sein zu lassen. Ich war bereit und schlotterte vor Kälte. Mein Körper kribbelte und hatte eine Gänsehaut, als hätte sich ein Damm in mir gelöst.

Der Dammbruch verursachte eine Klarheit, dass ich sofort einen Bekannten (namens Ingo) im Dorf anschrieb, ob er jemanden mit einer Mietwohnung kannte. Ich musste hier raus. So schnell wie möglich.

Einige Tage später marschierte ich mit dem geteilten MacBook im Rucksack nach Potsdam zu einem Handy- und Laptop-Doktor und präsentierte ihm die Teile. Er nannte mir einen Preis, für den ich mir gleich besser einen neuen kaufen konnte.

Ich bedankte mich für die Beratung, verließ den Laden mit der Bitte, noch einmal darüber nachzudenken. Zuhause wollte ich die Kosten für die Reparatur mit Kevin besprechen.

Kevin: Das wird sowieso nicht mehr funktionieren.

Ich: Wieso nicht? Die haben gesagt, das würde gehen.

Kevin: Nein, wird es nicht.

Ich: Warum? Beide Teile sind unbeschädigt, es braucht nur die neue Verbindung von Tastatur und Bildschirm, dann geht …

Kevin: Nein … In die Tastatur habe ich so lange Wasser reingekippt, bis es aufgehört hat, ein Geräusch von sich zu geben.

Innerlich tauchte ich in ein tiefes Loch ab. Sprachlos stand ich wieder da, aber ohne dieses immense Gefühlschaos wie vor einigen Tagen.

Ich: Warum hast du das getan?

Kevin: War ja sowieso mein Laptop.

Ich: Mit dem ich nur gearbeitet habe.

Kevin: Ja, du kannst dir ja einen neuen kaufen.

Somit schlenderte Kevin in die Küche, um sich was zu essen zu machen. Ich stand da und wusste umso mehr, dass wir niemals eine gemeinsame Zukunft haben werden.

Ich weiß nicht, wie ich diese Zeit von dem Vorfall des MacBooks bis hin zum Auszug überlebt habe. Ja, ich meine wirklich wortwörtlich überlebt. Ungewissheit, Unsicherheit und Angst waren meine ständigen Begleiter.

Mehr als zwei Monate vergingen, bis die universelle göttliche Ordnung eintrat. Am 12. Mai 2022 (das war auch der Geburtstag von meinem allerersten Freund, daher kann ich mich so gut an das Datum erinnern) ging ich für eine Woche zu meiner großen Schwester. Es war die längste Zeit, in der ich die Kinder allein mit dem Papa ließ. Zufällig (alles, was fällig ist fällt einem zu) erhielt ich einen Anruf von Ingo, der mich fragte, ob ich immer noch auf der Suche nach einer Wohnung sei.

An diesem Morgen erwachte ich bereits mit einem unguten Gefühl im Bauch. Flachatmig verließ ich das Bett und machte mich im Bad frisch. Eine Spannung lag in der Luft. Sobald Minyan als erstes das Haus in Richtung Grundschule verließ, wurde es mit Chengyan richtig anstrengend. Nichts war ihm recht, und in mir zog sich alles zusammen.

Bevor ich explodierte, übergab ich Chengyan wortlos an Kevin. Schließlich brauchte auch ich Abstand und suchte meinen Rückzugsort im Wald. Ich hatte einen Lieblingsplatz im Wald, wo mich kein Spaziergänger mit seinen Hunden sehen konnte. Innerlich freute ich mich jedes Mal, wenn ich hier meine Ruhe und Klarheit bekam. Ich pflanzte mich hin und schloss meine Augen.

Über zwei Stunden befand ich mich im Wald – solange, bis ich wieder voller Energie war. Zuhause angekommen, konnte ich bereits das Chaos durch die kleinen Fenster der Haustür erkennen.

Der gesamte Inhalt der Garderobe und des Schuhregals lag auf dem Flurboden. Im Wohnzimmer ging das Chaos weiter. Ein Bücherregal und ein Kinderschreibtisch waren komplett auseinandergebaut – in Einzelteilen mit deren Inhalt im Wohnzimmerbereich verteilt.

Dieser Anblick war mir leider vertraut. *Dieses Mal räume ich das nicht mehr auf,* sagte ich mir klar und ruhig. Ich hörte, wie Kevin und Chengyan sich in der Badewanne miteinander unterhielten. Das Wasser plätscherte noch leicht vor sich hin.

Für meine Gefühlswelt hatte ich jetzt keine Zeit mehr übrig, ohne mir viele Gedanken zu machen, steckte ich ein Aufladekabel meines Handys ein und schloss die Haustür mit Tränen in den Augen zu. *Es ist definitiv aus.*

KAPITEL 5

Keine Zeit mehr zum Schönreden - Räumliche Trennung auf unbestimmte Zeit

Nachmittags im Februar 2022. „Also, im Endeffekt machst du doch gerade eine Trennung durch, Tante", stellte meine Nichte fest. Ich lag auf dem Bett meiner Nichte und schüttete ihr mein Herz aus, erklärte ihr, warum es doch noch funktionieren könnte. Aber ich wusste im Herzen, dass es mehr als vorbei war. Es war schon lange vorbei.

Eine Tragödie vollzog sich in meinem Inneren. Ich konnte mich kaum vor Kummer und Schmerz halten. Der Schmerz umhüllte mich, und ich verlor mich darin.

Vor wenigen Stunden stand ich am Michendorfer Bahnhof und wusste nicht, wohin mit mir. Ich rief aus Verzweiflung meine Mutter in China an.

„Ja, Yin, das war doch klar, du hast damals halt nicht auf mich gehört. Jetzt hast du den Salat. Wenn du dich trennst, was soll dann aus den Kindern werden? Du hast doch die zwei Kinder von ihm … aber ich habe es dir von Anfang an gesagt, dass er der Falsche ist, Yin … Ja, geh zu deiner großen Schwester und verbring da erst mal ein paar Tage, vielleicht meldet sich Kevin dann bei dir."

Die Sätze meiner Mutter waren genau die Worte, die ich *nicht* hören wollte. Vor allem nicht in dieser Situation. Es half ja nichts. Sie hatte ja recht – zum Teil. Ich legte auf und rief meine große Schwester an.

„Ja, Jiayi ist zuhause, ich bin heute Abend auch da." Kurze Zeit später kam der Anruf von Ingo durch. Ich bejahte traurig, dass ich die Wohnung sehen wollte. Er schickte mir den Kontakt und wünschte mir viel Glück dabei, die Wohnung zu bekommen.

Ich blieb genau eine Woche bei meiner Schwester. Nach drei Tagen schrieb ich Kevin und wollte mit den Kindern sprechen. Wir sahen uns über Facetime. Im Gespräch erwähnte Yanni (Spitzname von Minyan), dass Papa ihn und Chenni (Spitzname von Chengyan) auf den Po gehauen hatte.

Yin: Was habt ihr dann gemacht?

Yanni: Ich hab etwas geweint und dann irgendwann aufgehört …

Yin: Hat es sehr wehgetan?

Yanni: Naja … schon so … etwas … Didi (chinesisch für kleiner Bruder) hat gar nicht geweint.

Mir wurde schlecht. Ich redete noch wenige Minuten und legte auf. Ich suchte sofort die Nummer vom Jugendamt heraus und rief dort an.

Als ich mit dem Jugendamt fertig telefoniert hatte, schwirrten mir Millionen von Gedanken im Kopf herum: *Was ist das für ein falscher Film, in dem ich mich gerade befinde? Wie konnte es so weit kommen? Wie kann ein Mensch so sein? … Okay, er hatte keine Wahl. Er ist verzweifelt und lässt es an den Kindern aus. Was für eine Mutter bin ich, die nicht bei ihren Kindern ist? Erbärmlich, einfach erbärmlich. Ich muss da so schnell wie möglich raus. Aber wie und wann?*

Ich konnte noch nicht sofort nach Hause, auch wenn ich es wollte. Meine Jungs beschützen.

Das Jugendamt schlug mir eine Familientherapie vor. Sie gaben mir auch den Tipp, mich an eine anonyme Beratungsstelle zu wenden. Den genauen Verlauf habe ich bereits vergessen. Ich heulte gefühlt den ganzen Tag. Angst und Unsicherheit saßen geduldig und schwer auf meinen Schultern.

Ich verbrachte viel Zeit im Bett meiner Nichte. Doch nach einer Woche wollte ich einfach meine Kinder wiedersehen. Mir war unbewusst schon klargeworden, dass ich mich scheiden lassen würde. Bewusst war mir nur, dass ich zurückgehen musste, ohne zu wissen, wie es weitergehen sollte.

An dem Tag, als ich dann wieder nach Hause fuhr und vor der Haustür stand, fiel mir auf, dass ich meinen Schlüsselbund verloren hatte. Es kann sein, dass ich ihn bereits vor meinem Aufenthalt bei meiner Schwester verloren hatte oder danach.

Der Schlüssel war auf jeden Fall nicht bei meiner Schwester liegen geblieben. Und als ich dann in Michendorf vor dem Haus stand und keinen Schlüssel hatte, kam mir der Gedanke, dass das nicht mehr mein Zuhause war. Ich klingelte, und Kevin oder die Kinder machten mir die Tür auf.

Es fühlte sich nicht gut an - fremd und irgendwie falsch. So verstrichen die ersten Tage wieder.

Kevin und ich kamen auf die glorreiche Idee, die Wände in den Zimmern nach knapp vier

Jahren in unseren Lieblingsfarben zu streichen – genauer gesagt, mit Farben, die nach Feng-Shui gut für die Harmonie im Haus sein sollten. Es war, als wäre nichts passiert, aber wir gingen wie auf Eierschalen herum, was sehr anstrengend war.

Irgendwann brachen die Eierschalen abrupt zusammen, denn das Ganze flog nach ein paar Wochen völlig auf. Gedanklich war es eine nette Idee, im Außen noch etwas zu verändern oder zu reparieren. Die Wahrheit war aber, dass wir nur Glitzer auf einen riesigen Berg unausgesprochener Scheiße gestreut hatten. Wir kamen nicht dazu, miteinander zu sprechen, und wenn doch, brach einer von uns wie ein Vulkan aus. Daher kam Kevin auf eine Lösung: Er flog nach China.

Ich war voll dafür, da ich im Buch *Liebe dich selbst und es ist egal, wen du heiratest* von Eva-Maria Zurhorst von der *Trennung in der Beziehung* gelesen hatte. Wir trennten uns innerhalb der Beziehung für eine Zeit, sortierten uns neu und schauten dann, wie es weitergehen könnte.

Kevin wollte endlich den finanziellen Erfolg erwirtschaften, den er sich sehnlichst gewünscht hatte. Er wollte für uns ein gutes Leben erschaffen, der Ernährer und Versorger sein. Irgendwie war mir das unbewusst nicht geheuer. All die Jahre hatte ich mich als Versorgerin, Mutter und Vater für alle in dieser Familie gefühlt.

Das Jugendamt schlug vor der Abreise von Kevin nach China einen Termin vor, bei dem wir gemeinsam die neuen Familientherapeuten kennenlernen sollten.

Als er im Frühjahr 2020 abreiste, kurz bevor die Corona-Maßnahmen eingeführt wurden, war Yanni 5 Jahre alt und Chenni knapp über ein Jahr alt. Als er ging, fühlte ich, wie eine riesige Last von meinen Schultern fiel, die ich mir zu diesem Zeitpunkt niemals eingestanden hätte.

Oft stand ich auch hilflos und völlig überfordert da. Aber ich hatte einen Plan für mich. Ich löste unser Gemeinschaftskonto auf und kaufte einen Online-Kurs über ETF-Sparpläne und Aktien.

So langsam ordnete ich die Finanzen und kontrollierte meine Einnahmen und Ausgaben. Emotional wurde ich wöchentlich von den Familientherapeuten durch meine innere Landschaft begleitet.

Einer der Therapeuten war direkt und kommentierte öfters, dass eine endgültige Trennung auch ein Weg sein könnte – vielleicht sogar der bessere für alle Beteiligten. Die Vorstellung von einer Trennung regte meinen Beweisermodus aktiv an: *Euch zeig ich's noch! Diese räumliche Trennung wird uns wieder auf den richtigen gemeinsamen Pfad bringen!*

Obwohl ich tief in mir wusste, dass die Wahrscheinlichkeit dafür nicht besonders hoch war. Wenn wir bei meiner Familie oder bei Freunden zu Besuch waren, schämte ich mich oft, dass ich mit Kevin zusammen war.

Dieses Gefühl nahm Jahr für Jahr weiter zu. Ich war nicht stolz darauf, mit ihm zusammen zu sein. Das hört sich jetzt hart an, aber ich hing sprichwörtlich in den Seilen.

Der eine Teil in mir war die sehr traditionelle, treue, strenge Ehefrau und Mutter, der andere Teil ein schillernder, verrückter Paradiesvogel, der es liebte, neue Sachen auszuprobieren, und nicht den konventionellen Weg gehen wollte.

Mich inspirierten Familien, die mit ihren Kleinkindern um die Welt tingelten. Ich wollte das auch – nur hatte ich nicht den passenden Partner dazu. Ich hoffte doch inständig, dass Kevin sich auch noch für das Abenteuer Leben begeistern könnte, aus der Reihe zu tanzen und einfach mal Spaß zu haben. Ohne sich ein eigenes Gefängnis zu bauen und Tag für Tag dem Geld hinterherzulaufen.

Aber genau das hatten wir getan. Mir wurde allmählich, wenn auch unbewusst, klar, dass die Ehe mit Kevin am Ende war, als er Woche für Woche in China verweilte. Später fand ich heraus, dass er auch in Vietnam gewesen war – etwas, das er mir verschwiegen hatte. All diese unausgesprochenen Kleinigkeiten brachten uns Stück für Stück noch weiter auseinander. Der Kontakt wurde immer sporadischer.

Die Zeit ohne ihn war emotional und gleichzeitig eine große Erleichterung für mich. In entspannten Momenten malte ich mir aus, wie wir gemeinsam die Welt für ein Jahr bereisten, wie Kevin seinen eigenen Zugang zur Spiritualität fand und seinen wahren Kern zum Ausdruck bringen konnte.

Doch all das fand am Ende nur in meinem Kopf statt. Nach ungefähr fünf Monaten kam er für einige Wochen zurück. Danach musste er wieder weg, um weitere Dinge zu erledigen, damit er endgültig nach Deutschland zurückkehren konnte.

Es brauchte nur wenige Tage, bis ich mich emotional so sehr aufgewühlt fühlte, dass es mir selbst auffiel. Die Therapeuten bemerkten es sofort. Kaum war er das zweite Mal wieder weg, ging es mir wieder gut. Dieses klare Indiz konnte und wollte ich nicht wahrhaben. Zu groß war meine Angst, wirklich loszulassen. Wirklich allein zu sein – mit zwei Kindern. Obwohl ich es eigentlich schon die ganze Zeit war. Doch die Angst war so übermäßig groß in mir.

Zu dieser Zeit praktizierte ich immer noch täglich die Energie-Heilmethode Theta-Healing. Eine Methode, die durch eine gezielte Meditationstechnik die Gehirnwellen in eine entspannte Theta-Frequenz bringt, wodurch der Zugang zum Unterbewusstsein erleichtert wird. Ich durchlebte meine gesamte Kindheit in dieser Zeit noch einmal. Von meiner eigenen Geburt bis zur Geburt meiner Kinder durchlief ich die einzelnen Stadien mit allen Gefühlen, die wir als Menschen erfahren können: von tiefster Einsamkeit und Trennung über die dunkelste Wut und den Groll gegen mich selbst, meine Eltern, Geschwister, alle Menschen, denen ich begegnet war, und sogar Gott.

Gott war in meiner Welt der größte Heuchler, den es jemals gegeben hat. Ich bin nicht sehr religiös aufgewachsen, aber spiritueller, als ich dachte. Meine Mutter hatte Bücher über die chinesischen Sternzeichen, das Gesicht- und Körper-Feng-Shui sowie das Handlesen. Es hing stets ein chinesischer Mondkalender im Haus.

Chinesische bzw. buddhistische Gottheiten, unter anderem Buddha, waren als Statuen im Restaurant verteilt. Sie las aus Reiskörnern Botschaften, als würde sie eine Tarot-Karte ziehen. Über Gott wurde jedoch nie offiziell gesprochen.

Durch die Bewusstmachung dessen, was mir mit Kevin durch die räumliche Trennung und auch davor alles passiert war, resignierte ich eine Zeit lang und fühlte mich einfach abgestoßen und verlassen von jeglicher Fürsorge und Liebe Gottes. Es war die Corona-Zeit, in der die Angst vor dem Virus und die Panik vor dem Verhungern oder das Horten von Toilettenpapier im Vordergrund standen.

Ich war jeden Tag damit beschäftigt, mit der räumlichen Trennung und den Kindern klarzukommen. Ich zog mich, so weit es ging, komplett aus diesem Wahnsinn zurück – aus Ignoranz und Selbstschutz.

Eines Tages kam meine dritte Schwester Chunxue mit einem riesigen Hamsterkauf zu mir.

Sie wollte sich ein Bild von mir machen, da ich zu dieser Zeit mit niemandem aus meiner Familie Kontakt hatte. Es war ein heilender Abnabelungsprozess, der eigentlich in der Pubertät stattfinden sollte. Nun holte ich ihn mit 32 Jahren nach. Die Kontaktsperre zwischen mir und meiner Mutter gab meinen Schwestern das Signal, dass ich es wirklich ernst meinte.

Ich konnte und wollte keine gut gemeinten Ratschläge, keine Verurteilungen, Kritik oder Besserwisserei mehr hören, geschweige denn annehmen. Langsam dämmerte es mir, dass nur ich allein mein Leben bestimmen konnte.

Was wollte ich denn wirklich? Einfach frei sein. Einfach leben. Einfach ich sein. Wie soll das gehen? Wer bin ich denn? Warum passiert mir das alles? Warum kann ich nicht einfach alles so hinnehmen, wie es ist? Warum kann ich nicht einfach meinen Mund halten und meine Ehe fortführen? Warum will ich Dingen auf den Grund gehen und die Ursache erforschen, weil ich mir nicht vorstellen kann, dass ein Mensch völlig aus dem Nichts gewalttätig wird oder nicht kooperativ ist? Muss ich das alles wissen?

Muss ich mich trennen, weil es eine Riesenchance sein kann? Muss ich wirklich alleine mit den Kindern enden? Geschieden? Als Versagerin? Als dumme-kleine-zu-deutsche-Yin, die naiv ist und nicht auf ihre Mutter und Schwestern gehört hat, weil alle mich vor Kevin gewarnt hatten, enden?

Meine chinesische DNA wollte mit aller Gewalt zur Familie dazu gehören, die Familie stolz machen und zeigen, dass ich es auch mit meinem Ehemann schaffen werde, wohingegen mein deutscher Geist unentwegt den Kopf schüttelte.

Und mein Herz? Meine Seele? Sie wusste ganz genau, was zu tun war. Es spielte überhaupt keine Rolle, ob chinesische DNA oder deutscher Geist, selbst wenn ich ein Pinguin in der Wüste gewesen wäre, wüsste mein Herz, was zu tun war.

Als Kevin im Sommer 2020 das zweite Mal abreiste, war ich traurig und hatte Angst vor einer finalen Entscheidung. Kevin zweifelte auch und hatte ein schlechtes Gewissen, uns wieder zu verlassen. Yanni hatte in seiner Abwesenheit das Lesen und Chenni das Laufen gelernt. Ich organisierte meinen Alltag mit meinen Nachbarn, damit wir uns gegenseitig mit den Kindern unterstützen konnten.

Es war unklar, wie es weitergehen sollte. Nach einer Weile ging es mir wieder gut, und ich stand in meiner Kraft. Nur die Ungewissheit bezüglich Kevin und mir machte mir zu schaffen.

„Wie lange möchtest du das noch weiterspielen?", fragte mich Tanya. Tanya war meine Nachbarin in der Siedlung unseres gemeinsamen Hauses gewesen. „Er lässt dich hier mit zwei Kindern sitzen, mitten in der Pandemie, um irgendwelche Online-Geschäfte zu betreiben? Ich könnte das nicht, Yin. Chenni ist noch so klein. Er bekommt doch gar nichts mehr von ihm mit."

Ich wusste nicht, ob mir nach Lachen oder Weinen zumute war.

Ich fand die ganze Situation völlig absurd und schrecklich. Wir hatten uns ja gemeinsam entschieden, dass wir diese räumliche Trennung wollten.

„Ja, aber wie lange denn, Yin? Soll das jetzt ewig so weitergehen? Das ist doch kein Leben für euch, oder? Nimm es mir nicht übel, aber ich würde ihn in die Wüste schicken!"

Sie hatte ja recht. Ich hatte einfach nur unglaubliche Angst vor dem finalen Schritt.

Herbst 2020 oder endlich Licht am Ende des Tunnels?

Die Monate vergingen wie im Flug, und mir wurde klar, dass ich bald eine Entscheidung treffen musste – oder vielleicht sogar wollte. Länger wollte ich nicht mehr auf Kevins Rückkehr warten.

Entweder blieb er in China, und ich würde alle Schritte für die Scheidung einleiten, oder wir würden gemeinsam beschließen, einen gemeinsamen Weg zu planen und umzusetzen. Die Angst, mich wirklich zu trennen, war unglaublich groß.

Genau das, was ich niemals sein wollte, nämlich geschieden sein, sollte geschehen? Ich wehrte mich. Ich kämpfte innerlich wie ein Gladiator, bis der gesamte Körper blutverschmiert war – so fühlte es sich jedenfalls an.

Ich telefonierte täglich mit Kevin, betete, dass wir es gemeinsam doch noch hinbekommen würden. Aber es brachte nichts. Ich drohte mehrmals damit, mich endgültig scheiden zu lassen, was in unseren Gesprächen mittlerweile fast schon normal war.

Eines Tages sah ich Bilder von Kevin, wie er allein durch Tibet reiste und danach mit einer Gruppe von Menschen an einem Workshop teilnahm. Da war meine Obergrenze erreicht. Ich packte meine Angst am Schopf und riss sie an mich.

Mit der Angst unter dem Arm schrieb ich ihm kurz und klar, dass er in China bleiben und nicht mehr zurückkommen solle. Er solle sich dort ein neues Leben aufbauen. Ich würde die Scheidung einreichen und das Haus verkaufen. Die Hälfte des Erlöses würde ich ihm überweisen.

Ich konnte und wollte nicht mehr warten und darauf hoffen, dass er von selbst wiederkommen würde. Er war immerhin schon weg. Ich war ohnehin bereits alleinerziehend und völlig auf mich selbst gestellt. Also, wovor sollte ich noch Angst haben? Vor dem gesellschaftlichen Ansehen? Ja. Vor einer Gesellschaft, in der ich zwar lebe, mit der ich aber nie wirklich unter einem Dach zusammengelebt habe. Wann hatte ich außerdem beschlossen, mich von ihr führen zu lassen?

Nun, das war wohl unbewusst geschehen – bewusst wurde es mir erst jetzt, als ich meiner Angst gegenüberstand. Wer außer mir sollte das Recht haben, über mich zu richten? Sind wir am Ende nicht selbst der Richter unseres Lebens?

Wer wollte ich denn sein? Was wollte ich sein? Wer war ich überhaupt ohne die Angst, verurteilt zu werden?

Das führte mich dazu, mich mit dem Wort „Sein" auseinanderzusetzen. Sein beinhaltet alles und nichts. Ich bin alles und nichts. Ich bin die Ehefrau, Mutter, Freundin, Tochter, Weise, Gewinnerin, Heldin – und zugleich die Ex-Frau, Rabenmutter, Versagerin, Heuchlerin, Opfer, Täterin. Irgendwie ist es wie mit Tag und Nacht. Das Helle und das Dunkle. Oben und Unten. Ist eines davon schlechter als das andere? Sollten wir die Nacht verteufeln, nur, weil sie die Nacht ist? Oder das Dunkle verbannen? Das Unten verdrängen?

Es ist, wie es ist. Und so ist es auch mit dem Ex-Frau-Sein, dem Rabenmutter-Sein usw. Wir geben dem eine Gewichtung, eine Bewertung und richten darüber. Die Angst in meinem Kopf erzählte mir nach meiner Auseinandersetzung mit dem Sein noch viele weitere Geschichten.

Hä? Versteh ich nicht. Sollen wir jetzt alles gutheißen? Einfach alles hinnehmen und so tun, als ob alles Friede, Freude, Eierkuchen wäre? Was für ein Schmarrn ist das bitte schön?

Ich werde nicht sterben, wenn ich mich trenne. Das schreibe ich jetzt so einfach vor mich hin, aber während des Prozesses dachte ich teilweise wirklich daran, mich in den Freitod zu stürzen, weil meine Ehe zerbrochen war.

Es zeigte sich, dass ich mich so stark mit der Vorstellung identifiziert hatte, nur wertvoll zu sein, wenn ich mit meinem Ehemann den Rest meines Lebens zusammenblieb. Außerdem glaubte ich, nur dann wertvoll zu sein, wenn ich stark und reich war. Und wenn ich arm und wertlos wäre? Das wollte ich nicht sein. Ich wollte nur das vermeintlich Gute sein und haben – nur die Sonne zu haben, auch wenn das bedeutet, nur die Wüste dafür zu bekommen. Denn da, wo nur die Sonne scheint, ist die Wüste.

Wir sind immer alles. Ich bin auch wertvoll und wertlos, wenn ich stark und reich bin, sowie schwach und arm. Es sind Seinszustände. Wir können nicht *nicht* alles sein. Das kann zu Verwirrungen führen, aber als Kinder haben wir uns auch keine Gedanken gemacht, ob wir wertvoll oder wertlos sind. Wir waren einfach.

Wenn wir alle Widerstände in uns aufgeben und JA zu allem sagen, dann hört jeder Kampf in uns auf. Wir müssen gegen nichts sein, weil wir ja alles sind. (Und ja, es ist leichter geschrieben als umgesetzt.)

Jedenfalls hatte ich damals jede Menge Widerstände in mir, was die ganze Geschichte dramatisch und anstrengend machte. Nach meiner klaren Ansage hörte ich zum ersten Mal Kevin in den Sprachnachrichten weinen. Er hatte das letzte Mal Tränen vergossen, als er 18 Jahre alt war und seine Eltern sich scheiden hatten lassen.

Er stimmte mir zu und meinte, wenn es das sei, was ich wirklich wollte, würde er mir keine Steine in den Weg legen – für diesen Moment in den Sprachnachrichten. Danach war sein Verstand allerdings ganz anderer Meinung.

Plötzlich ging die Tür auf. Es war ungefähr 22:00 Uhr. Kevin stand mit seinem Koffer im Wohnzimmer, eine Woche nach den weinenden Sprachnachrichten. Ich stand völlig perplex da. Freude, Verwirrung, Angst, Erleichterung, Panik – alles nahm ich in diesem Augenblick wahr.

„Was machst du hier? Warum bist du hier?", fragte ich, und trotzdem rannte ich ihm vor Freude in die Arme, trotz der Panik in mir. Es fühlte sich alles falsch an … aber trotzdem ließ ich es einfach zu. In meinem Kopf ratterte es. Wollte er vielleicht auch einen gemeinsamen Weg einschlagen? Wollte er uns als Familie, mich als Ehefrau?

Diese Gedanken freuten mich, doch gleichzeitig spürte ich ein übles, schweres Gefühl, das noch mehr Verwirrung in mir auslöste. Ich spürte, dass es Kevin ähnlich ging. Er fühlte sich sichtlich unwohl in seiner Haut. Am nächsten Tag versuchten wir, so gut es ging, einen gemeinsamen Plan für unsere Zukunft zu schmieden. Kevin hatte den Wunsch, sich selbstständig zu machen.

Kevins große Pläne und ich erinnerte mich an Schuhe, Schwester und Stress

Bei diesem Gedanken zog sich alles in mir zusammen. Wir waren damals bereits selbstständig gewesen. Dafür hole ich etwas weiter aus. Im ersten Jahr hatten wir beide für meine vierte Schwester Chunli gearbeitet, die einen Schuhgroßhandel und mehrere Einzelhandelsgeschäfte rund um Frankfurt betrieb.

Es war komischerweise die einzige Möglichkeit, die ich in Betracht zog, als ich eine Woche nach unserer Hochzeit nach Deutschland fliegen musste, weil mein Visum ablief.

Ich weiß nicht, warum mir nicht die Idee kam, wieder in die Schweiz zu gehen und dort mit Kevin in der Hotellerie neu anzufangen. Chunli hatte Bedenken, dass eine Zusammenarbeit unsere schwesterliche Beziehung negativ beeinflussen könnte.

Auch mir war mulmig zumute, doch in diesem Moment schien es die einzige Gelegenheit zu sein, irgendwo wieder neu zu starten. Wahrscheinlich sehnte ich mich nach etwas Vertrautem. Chunli und ich hatten eine sehr enge Beziehung – bis sie ihr erstes Kind bekam und einige Krisen durchmachte. Als ich schließlich bei ihr anfing zu arbeiten, änderte sich unsere Beziehung plötzlich. Ich lernte meine Schwester von einer ganz anderen Seite kennen. Ihr Alltag hatte sicherlich einen enormen Einfluss auf ihr Gemüt. Ich fühlte mich missverstanden und tief verletzt.

Obwohl ich durch sie – wie auf einem weichen Federbett – aufgefangen wurde, war es dennoch eine schwere Erfahrung. Ihre Erwartungshaltung wirkte massiv auf mich. Ich hatte in einem ihrer Schuhgeschäfte im Einzelhandel zu arbeiten begonnen. In dieser Zeit suchte ich eine Wohnung in der Nähe des Geschäfts und bereitete mich auf den Rückflug nach China vor, um alle Unterlagen für Kevins Einreise nach Deutschland zu organisieren. Die Zeit allein tat mir sehr gut. Zwar vermisste ich Kevin, doch war ich auch heilfroh über die Pause zwischen uns, nachdem wir so intensive und prägende Monate hinter uns hatten.

Kevin hatte währenddessen eine Sprachschule in China besucht, um Deutsch zu lernen. Für die Einreise benötigte er das Sprachzertifikat Level A1. Auch dieses Engagement und den Einsatz seitens Kevin hatte ich als selbstverständlich angesehen.

Natürlich war er voller Vorfreude auf die Möglichkeit in Deutschland ein neues Leben mit mir aufzubauen - doch niemand von uns beiden ahnte, wie schlimm es jemals werden würde.

Ende Februar 2014 flog ich zurück und überraschte Kevin an seinem Geburtstag in der Sprachschule. Das Wiedersehen war sehr emotional und enthusiastisch zugleich. An dem Abend wurde Yanni außerplanmäßig gezeugt … Ich wusste sofort, dass etwas anders war. Kevin war gelassen und versicherte mir, dass es so schnell nicht passieren würde. Danach reisten wir nach seinem Geburtstag nach Shanghai ins deutsche Generalkonsulat, um unsere Ehe offiziell anzumelden, damit Kevin per Familienzusammenführung nach Deutschland einreisen konnte. Mit Hilfe von Chunli konnte ich das passende Einkommen und das unbefristete Arbeitsverhältnis vorweisen. Rückblickend konnte ich an dieser Stelle keine wahre, tiefe Dankbarkeit verspüren – alles erschien mir als Selbstverständlichkeit, was mich undankbar gegenüber meinen Mitmenschen wirken ließ.

Kevin und ich mussten mehrmals zum Konsulat. Der ganze Stress und das Wiedersehen machten mir schwer zu schaffen. Zu diesem Zeitpunkt sagte ich noch zu Kevin: „Sind wir uns sicher, dass wir das alles so genau wollen? Lohnt sich der ganze Aufwand?"

Als hätte mein Unterbewusstsein bereits damals geahnt, dass es sich lohnen würde, nochmals innezuhalten und alles zu besprechen. Aber das taten wir nicht. Wir waren ja noch verliebt ineinander. Für die offizielle Anmeldung benötigten wir beide ein Ehefähigkeitszeugnis. Damit sollte nachgewiesen werden, ob laut deutschem Recht Ehehindernisse bestehen könnten:

Dazu gehören Eheverbote (Doppelehe, Verwandtschaft), die fehlende Ehemündigkeit, die fehlende Geschäftsfähigkeit, Drohungen und Täuschungen der Verlobten sowie der Willensmangel der Verlobten (Info laut Google). Damals gab es beim Antrag des Ehefähigkeitszeugnisses ein großes Hin und Her wegen meines Nachnamens.

In meinem Reisepass stand „Jen" und auf meiner Geburtsurkunde „Ren". Zwei verschiedene Schreibweisen – die eine aus Taiwan und die andere vom Festland China.

Ich fand heraus, dass die Romanisierung der chinesischen Sprache in Taiwan, Hongkong und Festland China teilweise unterschiedliche Übersetzungen hervorgebracht hatte. In den 80ern waren Chinesen aus Taiwan und Hongkong in Europa verbreiteter als jene vom Festland. Daher wurden die Übersetzungen aus Taiwan bzw. Hongkong zuerst übernommen.

Am Ende hießen wir im Pass alle „Jen" statt „Ren". Für die deutschen Beamten waren das jedoch zwei völlig verschiedene Namen, was ich gut nachvollziehen kann. Nach langen Erklärungen musste ich einen schriftlichen Antrag zur Namensänderung stellen. Vier Wochen später war die Namensänderung durch, und die Papiere für das Ehefähigkeitszeugnis waren vollständig.

Während ich dies schreibe, merke ich, dass ein Ehefähigkeitszeugnis vielleicht nicht nur aus den oben genannten Ehehindernissen bestehen sollte, sondern auch prüfen könnte, ob wir wirklich kompatibel miteinander gewesen wären. Ich stelle mir das so vor: Es werden die einzelnen Werte, Visionen, das Bild einer Beziehung, Strategien für Konfliktlösungen, die Erziehung potenzieller Kinder und weitere Punkte besprochen und zusammengetragen – so etwas wie ein Business-Plan für Beziehungen.

Ein Relationship-Plan (Beziehungsplan) – das klingt vielleicht unromantisch, aber rückblickend finde ich die Idee sehr logisch. Es wäre wie der Aufbau eines Unternehmens, das nachhaltig wachsen soll. In jedem Unternehmen gibt es

Rezensionen, Maßnahmen, Weiterbildungen, Änderungen und Umstrukturierungen. Ständig ändert sich etwas, und in unserem Zeitalter sogar immer schneller. Es ist seltsam, dass die meisten Menschen in Beziehungen einfach davon ausgehen, dass es „läuft".

Es gibt kein Schulfach darüber, wie man Beziehungen pflegt und nachhaltig hält, über Sexualität – was sie bedeutet und warum sie teilweise tabuisiert wird, oder über die Unterschiede zwischen Frauen und Männern und wie wir miteinander klarkommen können, ohne uns zu manipulieren, zu verletzen oder fremdzugehen. Also von wem lernen wir all das? Von unseren Eltern, der Bravo (damals gab es noch Dr. Sommer), Pornos aus dem Internet und Hollywood-Filmen. Eine klasse Auswahl. Vorbilder, die entweder keine Ahnung hatten oder völlig untauglich für den Alltag waren.

Nach unserer Trennung habe ich meinen eigenen Relationship-Plan geschrieben – einfach für mich. Um klar zu sein, was ich wirklich in einer Beziehung möchte. Das hat mir sehr geholfen und kann im Zweifelsfall wieder für Klarheit und Fokus sorgen. Hier ein kleiner Ausschnitt daraus:

(Als ich meinte, ich hole etwas weiter aus, meinte ich das auch so)

Beziehungs-Basics:
Keine Garantie, aber ein Anfang

Das A&O in der Partnerschaft – Einleitung

Eine Beziehung ist wie ein Garten. Sie braucht Pflege, Dünger, Wasser, Sonne, Licht – und das alles in Maßen, immer wieder. Es gibt verschiedene Phasen im Garten: Im Herbst verlieren die Bäume ihre Blätter, man erntet die Früchte. Im Winter sieht alles kahl und leer aus. Im Frühling blüht alles in wunderschöner Pracht. Der Sommer verleiht dem Garten seinen schönsten Glanz.

Das wiederholt sich jedes Jahr: Altes geht, alles liegt auf dem Nullpunkt – eine Vorbereitung für die wundervolle Pracht des Frühlings und

Sommers. Mit anderen Worten können wir die Sonne mit der Liebe in einer Beziehung gleichsetzen, die Pflege mit der täglichen Kommunikation, den Dünger mit gemeinsamen Aktivitäten, das Wasser mit gemeinsamen Interessen und das Licht mit der Sexualität. Liebe allein kann eine Beziehung auf lange Sicht nicht zusammenhalten – genauso wenig, wie die Sonne allein eine Pflanze zum Blühen bringt. Etwas unromantischer formuliert ist eine Beziehung wie ein Unternehmen, das stetig wächst bzw. wachsen möchte. In jedem Unternehmen gibt es mindestens einmal die Woche ein Meeting mit den Mitarbeitenden. Sei es nur in den Abteilungen, jede für sich – man trifft sich, um ein kurzes Update zu erhalten: einen Zwischenstand, ob alles passt, ob man die gemeinsamen Ziele bereits erreicht hat oder nicht. Es gibt Mitarbeiter-Events und Weiterbildungsmöglichkeiten. Das Ganze kann man auf eine Beziehung übertragen. Wachstum muss nicht unbedingt Kinder bedeuten; es kann auch ein gemeinsames spirituelles Wachstum in der Partnerschaft sein. Das bedeutet, dass wir uns gegenseitig dabei unterstützen, unser höchstes Potenzial auszuschöpfen. Das braucht regelmäßige Updates, Zwischenstands-Check-ups und eine offene Kommunikation. Gemeinsame Ziele nähren das Fundament jeder Beziehung.

Das Erreichen eines Zieles sorgt für gemeinsames Glück und Verbundenheit. Neues auszuprobieren in einer Beziehung ist ein reines Abenteuer, das gemeinsam erlebt wird.

Was bedeutet Partnerschaft, eine Beziehung für mich?

- Partnerschaft ist füreinander da zu sein, zuhören, mitfühlen und Raum halten
- Partnerschaft ist gemeinsames Teilen, gemeinsames Lachen und Weinen
- Partnerschaft ist großes Glück
- Eine Beziehung ist ein spirituelles Wachstum miteinander – sie dient uns, uns in der Tiefe alle Facetten des Seins kennenzulernen

- Eine Beziehung ist ein Wunder
- Eine Beziehung ist Abenteuer, Freiheit und Liebe
- Eine Beziehung ist ein Geschenk

Regeln

Wahre Liebe zwischen zwei Menschen braucht keine Regeln, um zu existieren. Aber sie braucht Klarheit, Respekt und bewusste Entscheidungen.

Jeder kann machen, was er will. Wir gehören niemandem, außer uns selbst. Das ist das Fundament einer Beziehung, die auf Freiheit basiert. Aber wahre Freiheit bedeutet nicht Chaos – sie bedeutet, sich immer wieder bewusst füreinander zu entscheiden.

Früher hätte ich hier eine Liste mit Regeln aufgestellt. Regeln für Treue, für Respekt, für Fairness. Doch ich habe gelernt, dass Liebe keine Verträge braucht. Sie braucht nur zwei Menschen, die wissen, wer sie sind – und die bereit sind, einander immer wieder neu zu begegnen.

Werte in der Partnerschaft

- Lachen ist die beste Medizin
- eigentlich standen hier noch mehr Werte, wie Ehrlichkeit, Treue, Verantwortungsbewusstsein etc. pp, und am Ende zählt es, gemeinsam über die Dinge lachen zu können, die einem widerfahren sind (und das können nur ganz wenige)

Wie möchtest du dich in deinem Garten fühlen?

- frei und verbunden
- gleichwertig und wertgeschätzt (auf Augenhöhe)
- gegenseitige Attraktivität (begehrenswert sein)
- vertraut

- inspiriert
- freudvoll und harmonisch
- erfüllt und angekommen

Lebens Seelenpartner-Manifestation oder für die Person, die so oder so immer die richtige Person ist:

Mein Partner ist verbindlich, ehrlich, nährend, spirituell, humorvoll, bringt mich stets zum Lachen, ist erfolgreich, kann sich selbst emotional halten und ist in seiner männlichen Kraft … usw.

In meiner Verfassung habe ich jeden Wert noch einmal im Detail erläutert, was er für mich bedeutet.

Fazit

Wir verbringen die meiste Zeit auf der Arbeit und in einer Beziehung, wenn wir eine haben. Warum also nicht auch hier einen gewissen Plan haben – mit Klarheit, Struktur, aber auch viel Raum für Wunder und Überraschungen?

Meiner Meinung nach wäre es ein Schulfach wert, Kindern beizubringen, wie sie sich eine Beziehung vorstellen könnten, ohne sich in den Mainstream-Medien zu verlieren.

Wir kreieren unser Leben immer selbst von innen nach außen heraus. Daher sollten wir unsere Vorstellungskraft nutzen, um die Beziehung zu erschaffen, die wir wahrhaftig haben möchten. Ich habe letztlich keine Ahnung, ob das funktioniert. Logisch ist es, und es fühlt sich gut an.

Natürlich ist es schön, sich Hals über Kopf zu verlieben und jeden Tag mit dem neuen Partner ein neues Abenteuer einzugehen. Wenn wir das bis zum Lebensende durchziehen, dann ist das supi. Und doch zeigt uns das eigene Leben und das der anderen, dass in einer Beziehung im Alltag das Abenteuer Partnerschaft oft auf der Strecke bleibt. Nach einem Jahr stellt sich im Durchschnitt die rosarote Wolke ein, und man sieht sein Gegenüber mit ganz anderen Augen. Auf einmal ist die schüchterne, introvertierte Art gar nicht mehr so süß, sondern nervig und lästig.

Gleichzeitig ist eine Beziehung, eine wertvolle Gelegenheit, sich selbst besser kennenzulernen – gerade, weil man sich auf den anderen bezieht (daher der Begriff Beziehung). Sie ermöglicht es, verschiedene Gefühlszustände neu zu durchleben und sie einfach sein zu lassen.

Der Partner – und ebenso alle anderen Menschen – drücken oft unbewusst und unbeabsichtigt einen Knopf in uns, hinter dem unterdrückte Emotionen verborgen liegen. Doch sie sind nur der Auslöser, nicht die eigentliche Ursache. Denn diese liegt meist in vergangenen Erlebnissen, die noch darauf warten, wirklich gefühlt und verstanden zu werden. Wenn diese Prozesse durchlaufen sind und eine Beziehung sich dennoch nicht mehr trägt, dann kann das Ende ein ganz natürlicher Schritt sein – ohne Schuld, ohne Drama. Denn am Ende begegnen wir in jeder Beziehung nur einem anderen Ausdruck von uns selbst.

Der Partner spiegelt unser Innenleben wider, oft in einer Weise, die wir nicht immer wahrhaben möchten.

Ich weiß, das klingt vielleicht ungewohnt – aber wenn du kurz innehältst und zurückschaust, erkennst du es vielleicht auch in deinem eigenen Leben. Ich hoffe, du kannst mir (noch) folgen.

KAPITEL 6

Vom Flugzeug ins Chaos: Willkommen in Yins hormoneller Hölle

Ich setze meine Erzählung fort und hole weiter aus, bevor ich zur ersten Selbstständigkeit von Kevin und mir komme. Als ich im März 2014 nach den etlichen Konsulat Besuchen in Shanghai erstmal ohne Kevin zurück nach Deutschland flog, wusste ich intuitiv das ich nicht alleine zurückflog.

Ich suchte mir zum ersten Mal in meinem Leben proaktiv mit 26 Jahren eine Frauenärztin, weil ich erneut schwanger geworden war. Vorher war ich nie auf die Idee gekommen, eine aufzusuchen, da ich a) erst sehr spät, mit 19 Jahren, meinen ersten Freund kennengelernt hatte und b) die Pille für mich nie infrage gekommen war.

Ich hatte das große Glück, gleich bei meiner ersten Frauenärztin auf jemanden zu treffen, mit dem ich mich gut verstand. Als ich vor ihr saß, gestand ich, dass ich nach der Fehlgeburt in China jetzt das erste Mal in Deutschland eine Frauenärztin aufsuchte. Nachdem ich es ausgesprochen hatte, fiel mir innerlich eine Last von den Schultern.

Obwohl ich nicht wirklich wusste, woher diese Last kam, war ich doch sehr erleichtert und glücklich über ihre Reaktion.

Sie sagte mir: „Ist doch völlig in Ordnung, jetzt sind Sie hier, und wir schauen, was sich in Ihrem Unterleib tut. "

Da ich sehr nah am Wasser gebaut bin und mir aufrichtige Freundlichkeit direkt ins Herz trifft, kullerten mir ein paar Tränen aus den Augen. Ich erzählte ihr von meiner Angst, dieses Kind vielleicht auch wieder zu verlieren. Doch ihre professionelle, fachliche und menschliche Art gab mir ein sicheres und zuversichtliches Gefühl, dass es dieses Mal nicht passieren würde.

Sie erklärte mir, dass wir jetzt einen Ultraschall machen würden, und gab etwas durchsichtiges Gel auf meinen Unterleib. Mit dem Ultraschallgerät verteilte sie das Gel. Wir schauten beide auf den Monitor, und als ich einen kleinen pulsierenden Punkt sah, liefen mir erneut Tränen über das Gesicht. Ich wusste in diesem Moment, dass mein Gefühl nach der euphorischen Nacht an Kevins Geburtstag richtig gewesen war.

Als feststand, dass ich in der sechsten Woche schwanger war, teilte ich es Kevin sofort mit. Von da an war mein Gemütszustand wie das Wetter: mal Sonne, mal Regen, mal bewölkt, mal Gewitter mit Blitzeinschlägen. Es war furchtbar.

Ich kämpfte wie ein Ritter gegen meine Angst – die Angst vor dem, was mir bevorstand, die Angst vor dem Muttersein, die Angst vor der Verantwortung, die Angst, nichts hinzubekommen. Obwohl ich dies alles Kevin telefonisch mitteilte, fühlte ich mich unendlich einsam und allein. Er hörte zu, aber ich spürte ihn nicht.

Rückblickend frage ich mich oft, wie es Yanni bei diesem wahnsinnigen Gefühlscocktail ergangen sein muss, während er in mir heranwuchs. Alles fühlte sich falsch an, und trotzdem hoffte ich, dass es gutgehen würde.

Kevin landete am 2. Mai 2014 am Frankfurter Flughafen, wo ich ihn voller Überforderung und Freude abholte. Danach gab es etliche Eskalationen, die sehr deutliche Anzeichen dafür waren, dass unsere Beziehung alles andere als gesund und harmonisch verlief. Ich war vor seiner Einreise in einer Flut von Hormonen, Ängsten und Unsicherheiten gefangen. Er war in Deutschland angekommen – physisch. Aber emotional waren wir auf verschiedenen Kontinenten.

Ich suchte Halt, suchte Trost, suchte Verbindung. Aber alles, was ich bekam, war ein Spiegel meiner eigenen Überforderung. Und während ich mich immer einsamer fühlte, merkte ich gar nicht, dass er genauso verloren war wie ich. Wir waren zusammen und doch allein.

Ich kämpfte mit meinen Gefühlen, er kämpfte mit der neuen Kultur. Ich war mit meiner Schwangerschaft überfordert, er mit seinem neuen Leben in Deutschland. Jeder war in seiner eigenen Welt gefangen, und keiner wusste, wie er zum anderen durchdringen konnte.

Kevin begann, bei meiner vierten Schwester Chunli im Großhandel zu arbeiten, während ich bis zum Mutterschutz in einem ihrer Einzelhandelsgeschäfte in Bad Homburg tätig war.

Doch nach wenigen Wochen in Deutschland erkannte er mich kaum wieder. Die strahlende, sanfte Frau, die er aus unserer Verliebtheitsphase kannte, war verschwunden. Stattdessen stand er einer müden, gereizten und völlig überforderten Version von mir gegenüber. Ich konnte mich selbst nicht ausstehen – wie hätte er es dann tun sollen?

Sanftmut, Geduld und Anpassung waren einer ständigen Gereiztheit gewichen. Alles brachte mich aus der Fassung: die Arbeit, die Erwartungen, mein eigener Kopf. Unsere Gespräche wurden kürzer, meine Stimme schärfer. Und während Kevin mich noch mit einer gewissen Sanftheit ansah, kämpfte ich längst mit mir selbst.

Chunli bemerkte die Spannungen kaum – oder entschied sich, sie zu übersehen. Stattdessen gab sie mir einen gut gemeinten Rat: „Hol dir ein Aupair-Mädchen, wenn das Baby da ist. Das erste Jahr wird hart, und jede Unterstützung ist Gold wert. Aber nimm keine aus China – nur Mädchen vom Dorf, die selbst Geschwister hat.

Einzelkinder kannst du vergessen. Oder aus der Mongolei, die sind hilfsbereit und fleißig."

Nun gut, dachte ich mir. Ein zusätzliches Zimmer hatten wir in unserer Drei-Zimmer-Wohnung in Bad Homburg. Und so begann ich, Au-pair-Vermittlungsseiten zu durchforsten. Mein Bauchgefühl führte mich zur Mongolei. Odnoo war eine der ersten Frauen, die ich anschrieb, und sofort ein gutes Gefühl hatte. Nach ein paar Nachrichten verabredeten wir uns zu einem Video-Telefonat.

Wenige Monate nach Minyans Geburt kam sie nach Deutschland – und rettete mich. Ohne sie hätte ich Yanni womöglich aus dem Fenster geworfen. Er war ein absolutes Schreikind: hochsensibel uns superempfindlich (eigentlich kein Wunder nach all den Höhen und Tiefen während der Schwangerschaft). Dass ich nach so einem Kind noch ein Zweites bekommen habe, grenzt an ein Wunder.

Liebe geht durch die Fenster oder warum vorübergehend das halbe Wohnzimmer im Garten lag

In Kevins Kopf lastete genauso viel Überforderung wie in meinem: die deutsche Kultur, das Imperium meiner Schwester, die neue Rolle als Vater und Ehemann. Für ihn war es kein leichter Start.

Und ich konnte ihm nicht helfen. Ich konnte ja nicht mal mir selbst helfen. Ich war in meinem eigenen Kosmos gefangen – die zweite Schwangerschaft, der emotionale Ausnahmezustand, das Gefühl, mich selbst immer weiter zu verlieren. Kein Platz für unsere Beziehung. Kein Platz für einen Neustart in Deutschland.

Ich erinnere mich, dass ich all meine Hormonschwankungen ungefiltert an Kevin ausließ. Meine Worte trafen ihn – und sie trafen tief. Sie waren nicht geplant, nicht strategisch – sie waren das rohe Echo dessen, was sich über Monate in mir aufgestaut hatte.

„Du kannst wieder gehen. Ich habe meine Aufgabe nun erfüllt. Ich habe geheiratet und bin wieder schwanger. Dich brauche ich gar nicht. Du bist eher eine Last für mich."

Ich kannte die Wucht meiner Worte, aber ich konnte sie nicht stoppen. Vielleicht wollte ein Teil von mir genau das: Dass er ging. Dass er die Entscheidung für mich traf.

Es ist ein Wunder, dass er selbst nach solchen Worten trotzdem bei mir blieb und damals nicht schon die Sachen gepackt hat. Kevin hielt sich an den guten Momenten fest, die wir gemeinsam erlebt hatten, und vor allem an das Verliebtheitsgefühl. Er dachte, es könne doch nicht sein, dass ich wie ausgewechselt war: vorher noch süß und super verständnisvoll, jetzt aber die Hölle auf Erden in Person. Er hoffte einfach darauf, dass ich nach der Schwangerschaft wieder *normal* werden würde.

Dann konterte er auch auf meine bittere Wahrheit: „Ich habe für dich meine Familie, Freunde und mein gewohntes Umfeld verlassen, um gemeinsam in Deutschland etwas aufzubauen. Du wolltest mich nur ausnutzen. Behandelst mich wie ein Stück Dreck, ich kann die deutsche Sprache nicht und will sie auch nicht lernen."

Natürlich hat das sehr wehgetan. Wir haben uns beide sehr verletzt. Wir beide hatten keine Ahnung, wie wir damit umgehen sollten, weil wir die emotionale Reife nicht hatten. Wie auch? Wir beide waren zum ersten Mal Eltern, Ehemann und Ehefrau.

Dadurch, dass wir kein sehr dickes Fundament hatten, bröckelte unser Verständnis füreinander stetig weiter ab. Unsere Kommunikation war ehrlich und gleichzeitig egoistisch. Meine Toleranzgrenze platzte eines Tages, als Kevin wieder den berühmten zurückgezogenen, taubstummen Ignoranten spielte. Sobald ich etwas von ihm wollte und die Probleme offen ansprach, zog er sich wie eine Schnecke in sein Schneckenhaus zurück und blieb da drin, solange er wollte. Ich dagegen, wenn ich beim Schnecken-Beispiel bleibe, nahm mein Schneckenhaus vom Rücken und haute damit auf ihn drauf.

Je mehr er sich zurückzog, desto mehr kam ich aus mir heraus. Sein Schneckenhaus sah in der Realität so aus, dass er sich hinter seinem iPad verkroch. Mitten in einem Gespräch bzw. Monolog von mir ignorierte er mich einfach. Kevin saß auf der Couch und ich ihm gegenüber auf einem Stuhl. Seine Ignoranz löste eine Wut in mir aus, sodass ich aufstand, ihm das iPad aus den Händen riss und es schnurstracks aus dem Fenster warf (Wir hatten damals in einer Wohnung im 1. OG gewohnt, und das iPad landete auf einer Grünfläche).

Erschrocken und überrascht von meiner übergriffigen Handlung sprang er auf, öffnete die bodentiefen Fenster und nahm den Hocker, Bürostuhl, Kissen, Tischlampe, mein MacBook, Taschen, Schuhe und weitere Dinge, die er ad hoc greifen konnte, und schmiss sie passiv-aggressiv aus dem Fenster.

Wenn sie schon damit anfängt, dann kann ich ja gleich alles rausschmeißen, dachte er sich wohl. Ich merkte nicht, dass das nicht normal ist.

Ich verstand auch nicht, dass wir uns so sehr an diese Situationen gewöhnt hatten. Unbewusst waren wir beide solche Verhaltensmuster aus unseren Herkunftsfamilien gewohnt: lautes Streiten, Dinge durch die Gegend werfen, viel Drama. Oder es wurde gar nicht gesprochen. Von einem Extrem ins andere. Jetzt stand ich da und konnte nicht glauben, dass sich mein Familienleben mit Kevin so stark wiederholte wie meine Kindheit. Ich wusste mir damals aber noch nicht zu helfen und nahm die Situation einfach so hin.

Warum Pinguine und Löwen vielleicht doch nicht heiraten sollte

Bevor Odnoo kam, sollte Kevins Mutter zur Geburt von Yanni im November 2014 anreisen. Eine Entscheidung, die nicht von mir getroffen wurde, sondern einfach hingenommen werden musste. Was hätte ich auch sagen sollen? Nein?

Dann hätte es keine Alternative gegeben. Entweder allein mit allem klarkommen oder eine professionelle Wochenbett-Betreuung engagieren, die wir uns nicht leisten konnten. Ich war schon überfordert genug.

In China ist das Wochenbett eine heilige Phase. Die Mutter soll sich erholen, sie soll geschützt werden. Aber für mich fühlte sich dieses *Beschütztwerden* wie ein Käfig an. 40 Tage lang weder duschen noch baden, keinen Fuß vor die Tür setzen, keine kalten Getränke, kein Sport – nur absolute Ruhe.

Ich verstand, woher diese Tradition kam: Vor 60 Jahren, in einer Zeit ohne Heizungen und warmes Wasser, wurden frischgebackene Mütter im Winter oft schwer krank. Es machte damals Sinn.

Aber 2014? Sollte ich mich wirklich noch so verhalten, als würde ich in den tiefsten kommunistischen Mao-Zeiten (1943–1976) leben? Ich fühlte mich, als würde mir mein eigener Körper nicht mehr gehören. Ich entwickelte eine Baby-Blues-Phase bzw. eine Wochenbettdepression.

Der Schlafmangel und das schreiende, hochsensible Kind waren brutal anstrengend.

Als seine Mutter wieder abreiste, klammerten Kevin und ich uns an die Hoffnung, dass wir unseren Alltag zu dritt irgendwie in den Griff bekommen würden. Doch es funktionierte nicht.

Kevin kämpfte noch mit der Ankunft in Deutschland – die neue Kultur, die Sprache, das Essen, die Menschen – alles war fremd, und ich konnte ihm dabei nicht helfen.

Ich selbst war eine tickende Zeitbombe, unberechenbar in meinen Emotionen nach der Schwangerschaft. Die Fehlgeburt, die Hochzeit, das ständige Hin und Her – ich hatte nichts davon wirklich verarbeitet. Und nun stand ich da, mit einem Neugeborenen, einem orientierungslosen Ehemann und einer Erschöpfung, die ich nicht mal in Worte fassen konnte. Überforderung war noch eine Untertreibung.

Ich bemerkte, wie sich mein Wesen schlagartig mit der Anwesenheit von Yanni außerhalb von mir, veränderte.

Ich wurde zur Mutti. Eine Mutti, die nur zu Hause bleiben wollte, weil alles andere zu anstrengend war. Mich überforderte es, durch die Stadt zu spazieren, in einem Restaurant mit einem Säugling zu essen, einkaufen zu gehen – überhaupt draußen zu sein, war zu viel für mich.

Ich empfand alles als supernervig und stressig. Kevin hatte sich alles viel entspannter vorgestellt. Bei Männern verändert sich körperlich rein gar nichts. Ein Mann geht nicht durch diese körperliche Metamorphose.

Ein Mann kann spüren, wie sich die Partnerin verändert, aber sich darauf gut vorzubereiten, ist fast unmöglich. Es wirft einen Mann komplett auf sich selbst zurück. So auch Kevin. Immer mehr warf er mir vor, dass ich ihm Deutschland nicht zeige, nichts mit ihm unternehme oder immer nur zu Hause bleiben wolle.

Ich konnte es nicht mehr hören. Ich war so müde. Nicht nur körperlich – müde vom Muttersein, vom Ehefrau-Sein, vom ständigen Funktionieren. Ich hatte keine Energie mehr, keine Freude, kein gar nichts.

Das Wochenbett hatte mich in einen dunklen Raum gesperrt, und als ich endlich herauskam, fühlte ich mich nicht befreit – sondern leer. Und dann kam Kevin mit seinen Vorwürfen. Dass ich nicht genug tue. Dass ich nicht die Ehefrau war, die er sich vorgestellt hatte. Dass ich ihn nicht „Deutschland erleben" ließ.

Es trieb mich in den Wahnsinn. Ich wollte doch einfach nur meine Ruhe. Und so platzte es aus mir heraus – kalt, ehrlich, gnadenlos: „Ich habe meine Pflicht als Tochter nun erfüllt. Ich habe dich geheiratet und ein Kind von dir. Dich brauche ich jetzt nicht mehr. Du kannst ruhig zurückgehen."

Ich hörte mich selbst sagen, was ich eigentlich nicht sagen wollte. Aber vielleicht war es das, was ich damals wirklich fühlte. Klar traf Kevin das.

Seine gesamte Welt der Illusionen stürzte binnen Sekunden ein. „Du wolltest mich nur ausnutzen?"

Nun, ja und nein. Mir wurde zu diesem Zeitpunkt nicht klar, dass ich mit der völlig falschen Absicht in eine Beziehung mit Kevin gegangen war. Ich hatte aus den falschen Gründen geheiratet. Wie bereits vorher beschrieben, tickte damals die innere (traditionelle) Uhr – mein 25. Geburtstag hatte bereits ein halbes Jahr zurückgelegen. *Ich musste doch mit 25 Jahren noch heiraten.*

Kannst du den Druck fühlen? Schrecklich! Hinzu kam, dass ich mich nach Nähe sehnte – und mir wünschte, endlich wieder mit jemandem intim zu sein.. Und natürlich sollte mein neuer Freund gleich mein Ehemann sein.

Das waren die besten Voraussetzungen, die einem später zum Verhängnis werden. Vor allem, wenn diese Bedürfnisse erfüllt werden. Ich war dann verheiratet, intim geworden und die Nähe war auch da.

Doch trotz allem fühlte ich mich weder erfüllter, noch mehr bei mir angekommen, geschweige denn glücklicher. Byron Katie sagte einmal, dass es Wahnsinn ist, etwas zu wollen, das man nicht hat – nur weil man glaubt, es würde einen glücklicher machen.

Glück ist keine Belohnung, sondern eine Wahl. Doch wir nehmen das Leben oft als selbstverständlich hin und übersehen dabei, dass das Glück nicht irgendwo in der Zukunft auf uns wartet – es ist bereits hier. Direkt vor uns. Oder besser gesagt: in uns.

Ich dachte, ich sei vor meiner Ehe glücklich gewesen. Und vielleicht war ich es auch – zumindest oberflächlich. Ich hatte meine Freiheit, meine Träume, mein eigenes Leben. Aber da war auch dieses ständige Ziehen in mir. Das Bedürfnis nach Nähe. Nach Verbindung. Nach einem „Mehr". Und gleichzeitig diese innere Leere, die ich nicht benennen konnte.

Ich glaubte, dass ein Ehemann und ein Kind mir geben könnten, was mir fehlte. Aber wie soll man im Außen finden, was man in sich selbst noch nicht entdeckt hat?

Damals, als ich von 2007 bis 2012 in der Schweiz war, war ich schon bereit, mir Hilfe ins Boot zu holen. Ich nahm auch Kontakt zu einer Psychotherapeutin auf, aber nach einem Telefonat mit meinen Schwestern ging ich nicht mehr meiner Intuition nach, stattdessen hörte ich auf *ihre* Lebenserfahrungen. Ein Mann, ein Partner an meiner Seite, würde alle Probleme beseitigen, die ich im Moment verspürte. Wenn ich erst eine eigene Familie gegründet hätte, würde ich keine dieser Gedanken mehr haben. Ich hätte es mir schriftlich geben lassen sollen.

Ich wäre sehr wahrscheinlich weiter um die Welt getingelt, wenn ich auf meine eigene Intuition gehört hätte, aber wer weiß, ob dann diese Geschichte jemals hätte passieren können. Ich denke nicht. Es ist faszinierend, zu bemerken, dass nur eine Entscheidung dein ganzes Leben in eine andere Richtung lenken kann.

Wäre ich damals mit 18 Jahren in Australien geblieben, würde ich jetzt nicht auf der Couch mit dem Laptop sitzen und die Geschichte meiner Ehe nieder tippen. Keine Ahnung, wo ich gelandet wäre.

Damals dachte ich, ich hätte meine eigene Entscheidung getroffen. Eine Familie zu gründen – das war doch der nächste logische Schritt, oder? Es war das, was (fast) alle taten. Und natürlich hatte der Einfluss meiner Familie eine Rolle gespielt. Schließlich gehörte es sich so. Aber eine Familie zu gründen ist nicht wie ein neuer Job, den man einfach kündigen kann, wenn man merkt, dass es nicht passt. Kinder sind kein Projekt, das man irgendwann wieder abgibt.

Und diese Erkenntnis traf mich erst, als es längst zu spät war. Ich hatte mir ein Leben erschaffen, das nicht meins war. Einen Mann. Ein Kind. Eine Rolle, die mich immer weiter von mir selbst entfernte.

Und irgendwann kam der Punkt, an dem ich nur noch eine Frage hatte: *Wie komme ich hier wieder raus?* Aber nun standen wir beide mit den Konsequenzen da und bekamen massenweise Möglichkeiten, JA zum Leben, zu sich selbst und zu allem, was ist, zu sagen. Komischerweise wählten wir oft das NEIN zum Leben, zu uns selbst und zu allem, was ist. Und das machte alles sehr schwer und unbeweglich.

Je länger wir zusammenlebten, desto schwerer fühlte es sich an. Tag für Tag kam mir Kevin immer mehr wie eine Last vor. Innerlich dämmerte es mir bereits, dass seine Anpassungsfähigkeit ihr Limit erreicht hatte. So langsam wurde mir bewusst, dass Kevin möglicherweise die falsche Wahl gewesen war.

Aber was hätte ich tun können? Das Kind abtreiben und den Kontakt abbrechen? Allein die Vorstellung war für mich undenkbar – nicht nach der ersten Fehlgeburt.

Hätten wir es gemeinsam anders machen können? Nein. Wir beide kannten uns kaum und wurden durch unser gemeinsames Schicksal verbunden. Es war nicht so, dass wir einfach sagen konnten: „Wir trennen uns lieber jetzt als später."

Wir sahen es als unsere Pflicht an, jetzt zusammen zu bleiben – auch wenn wir damals beide tief in uns bereits wussten, dass es kein einfacher Weg sein würde. Der weitere Verlauf unserer Ehe war sehr ambivalent, geprägt von den Tiefs seit der ersten Fehlgeburt, über den Kontinent Wechsel, zahlreiche Umzüge innerhalb Deutschlands bis hin zum Elternsein. Wir beide waren kein Team. Ich war so sehr mit mir beschäftigt, dass ich im Idealfall zwei Babysitter für mein Kind und zwei für mich selbst gebraucht hätte.

Wir konnten nicht miteinander kommunizieren. Neben der Sprachbarriere wurde immer deutlicher, dass wir zwei völlig verschiedene Weltansichten hatten. Das eine Glas war stets halbvoll, das andere stets halbleer. Obwohl wir rein DNA-technisch beide Chinesen sind, kam es mir oft so vor, als hätte sich ein Pinguin in einen Löwen verguckt. Die Gegensätze zogen sich an – aber nachdem ich in etlichen Büchern gelesen hatte, dass es aufregend sein kann, das genaue Gegenteil zu treffen, war mir klar: Auf Dauer ist es ganz schön anstrengend. Und so war es auch.

Ich achtete nicht so sehr auf die Details, ließ die Wohnung manchmal unaufgeräumt und schob einige Telefonate vor mir her, weil ich keine Lust darauf hatte. Das machte Kevin wahnsinnig. Andererseits machte mich der stetige Druck, alles sofort erledigen zu müssen, völlig verrückt. Daher gab es viel Streitpotenzial. Rückblickend wollte Kevin die Familie auf seine Art und Weise führen und Anerkennung von mir erhalten.

Ich war gar nicht daran interessiert, einen genauen Plan für unsere Zukunft zu haben. Er wollte ein Haus, ein schickes Auto – ich wollte einfach nur meinen Frieden und das tun, was mir Freude bereitete. Daher spielte ich ihm oft etwas vor, damit er das Gefühl bekam, von mir ernstgenommen zu werden. Doch im Nachhinein war das megaanstrengend und schädlich für mich selbst. Irgendwann vermied ich Streitgespräche einfach komplett und befolgte die Ideen und Visionen von Kevin, ohne auf mein Bauchgefühl zu hören.

Von Grevenbroich nach Berlin: Selbstständig, aber immer noch nicht angekommen

Als meine Schwester Chunli im Sommer 2015 beschloss, die Einzelhandelsgeschäfte zu schließen, hatten wir die Möglichkeit, weiterhin im Großhandel für sie zu arbeiten. Doch das wollten wir beide nicht.

Also schlug Kevin vor, selbst ein Einzelhandelsgeschäft zu eröffnen. Für mich war es wichtig, unabhängig von meiner Familie zu sein. Die große Last und die immense Erwartungshaltung meiner Familie wirkten so einschüchternd auf mich, dass ich schließlich zustimmte.

Ich wollte meiner Familie zeigen, dass ich es genauso erfolgreich schaffen kann wie sie. Also stimmte ich zu, und wir machten uns auf den Weg, ein Ladenlokal zu finden. Keine Ahnung, was mich da geritten hatte – ich wollte meinen Frieden mit meiner kleinen Familie finden. Gleichzeitig überforderte mich meine Rolle als Mutter immens. (Zum Glück hatte ich Odnoo an meiner Seite!) Meine zweite Schwester, Jianfen, gab uns schließlich den Tipp, dass die Besitzer eines Ladenlokals in Grevenbroich ihr Geschäft aufgeben wollten. Es lag mitten in der Fußgängerzone, war zweistöckig und hatte eine günstige Miete.

Nach unserer Besichtigung bekamen wir sofort die Gelegenheit, das Geschäft zu übernehmen.

Die Vorgänger wollten sich vergrößern und waren sehr froh, dass wir als Nachmieter nachrückten. Wir befüllten die Fläche mit Textilien und Schuhen und verbrachten Tag und Nacht in den ersten Tagen vor der Eröffnung im Laden. Ich fühlte mich wie in einem falschen Film, teilweise wie außerhalb von mir selbst.

Während dieser Zeit war Odnoo oft alleine mit Yanni zu Hause. Durchschlafen gehörte zwar noch nicht zur Tagesordnung, aber immerhin stellte sich eine gewisse Routine ein. Dank Odnoos Hilfe fühlte ich mich dennoch sehr unterstützt. Sie war für mich wie eine Freundin und Schwester geworden.

Als ich schließlich abstillte, ging es mir auch körperlich deutlich besser. Aber Odnoo war nur für 12 Monate als Au-Pair bei uns angemeldet. In der Halbzeit hatten wir darüber gesprochen, ob sie nicht länger bei uns in Deutschland bleiben möchte.

Ich erinnere mich noch gut daran, dass sie den Wunsch hatte, Friseurin zu werden. Dennoch vermisste sie ihre Heimat sehr und wollte gern zurückkehren, auch wenn wir ihr sehr ans Herz gewachsen waren.

Also machte ich mich auf die Suche nach einer neuen Au-Pair-Kraft, möglichst wieder aus Odnoos Heimatland, und fand schließlich auch jemanden. Doch von Anfang an hatte ich dabei kein gutes Bauchgefühl. Kevin besuchte weiterhin eine Sprachschule, um sein Deutsch zu verbessern.

Ich hingegen hing den ganzen Tag im Laden fest und war mehr als frustriert. Wenn viel los war, bemerkte ich meine Frustration kaum. Doch in ruhigen Momenten trug ich sie mit nach Hause und ließ sie an Kevin aus. Die Arbeit machte mir keinen Spaß. Obwohl ich von schönen Kleidungsstücken und Schuhen umgeben war, fühlte ich mich wie erstickt. Das Geld war mir völlig egal geworden – was nützte mir all das Geld, wenn ich jeden Tag im Laden stehen musste? Die Situation war emotional für mich kaum auszuhalten.

Zu Hause konnte ich nicht bleiben, weil wir Odnoo hatten, die sich um Yanni kümmerte. Im Laden musste ich sein, weil ich dachte, dort besser hineinzupassen – obwohl ich überhaupt keine Lust mehr hatte. Ich fühlte mich als Mutter wie eine Versagerin und als Ladeninhaberin wie eine Heuchlerin. Odnoo reiste kurz nach Yannis' ersten Geburtstag ab, und das neue Au-Pair-Mädchen, Oyunbileg, zog bei uns ein. Doch die Chemie zwischen uns stimmte nicht, und so verließ sie uns nach nur drei Wochen wieder. Danach standen wir allein da – und so wollte ich es auch. Ich hatte es satt, unser Kind von jemand anderem betreuen zu lassen, obwohl ich selbst nicht zu Hause bleiben wollte. Ein Widerspruch in sich.

Kevins Sprachkurs neigte sich zu dieser Zeit dem Ende zu, sodass er zu Hause bleiben und auf Yanni aufpassen konnte.

Dann versuchten wir, Yanni in eine nahegelegene Krippe zu bringen – was komplett in die Hose ging. Während der Eingewöhnungszeit bekam Yanni einen Affektkrampf, als ich die Krippe verließ. Ich erhielt einen Anruf: Yanni sei in Ohnmacht gefallen, der Krankenwagen schon unterwegs. Ich sprintete sofort zurück. Vor der Krippe blinkte das Blaulicht, mein Herz raste. Angst, Panik, Tränen – mit jeder Sekunde wurde die Vorstellung des Schlimmsten realer.

Als ich dem Rettungswagen näherkam, sah ich Yanni weinend auf den Armen der ebenfalls weinenden Erzieherin. Sie übergab ihn mir, während sie schluchzte und immer wieder sagte, wie furchtbar ihr alles leidtue. Sie war völlig außer sich. Doch plötzlich überkam mich eine Ruhe und eine Welle des Mitgefühls.

Mein Kind lebte – und das war in diesem Moment das Allerwichtigste. Ich nahm Yanni in meine Arme und tröstete ihn und die Erzieherin zugleich mit meinen Worten.

Kurze Zeit später fuhren wir im Rettungswagen ins Kinderkrankenhaus. Am Abend konnten wir bereits wieder nach Hause, weil es dem kleinen Knirps wieder gut ging. Der Schreck war letztlich größer als das Ereignis selbst.

Nach einem Jahr der Selbstständigkeit (2016) äußerte Kevin den Wunsch, endlich ein Eigenheim zu besitzen. Das war bereits von Anfang an, als wir geheiratet hatten, sein Wunsch gewesen. Ich hatte durchgehend kein sicheres Gefühl dabei, weil wir beide nicht die gleiche Zukunftsvision hatten.

Unsere Werte kamen nicht auf einen Nenner. Wir hatten unterschiedliche Ansichten, die nicht vereinbar waren. Ihm war das Materielle äußerst wichtig, was ich verstand – und gleichzeitig auch nicht. Ich wollte ihm emotional nah sein, ein solides Fundament aufbauen, damit wir uns stets alles ehrlich und offen sagen konnten. Das klappte leider nicht so ganz. Die Außendarstellung musste gut aussehen, damit alle dachten, dass wir glücklich und wohlhabend seien.

Ganz nach dem Motto: „Lieber weinend in einem BMW sitzen als glücklich auf dem Fahrrad."

Kevin analysierte und verglich fast täglich Häuser und Wohnungen im Internet. Wir machten viele Besichtigungen, kauften damals jedoch nichts. Oft diskutierten wir darüber, dass ein Eigenheim viel besser sei als eine Mietwohnung. Ich fand es zwar schlüssig, lieber in etwas Eigenes zu investieren – aber für wie lange? Wenn wir unsere Probleme weiterhin unausgesprochen ließen oder nur implizit ausdrückten, würde unsere Beziehung kaum florieren.

Für Kevin war das kein Argument gegen ein Eigenheim. Auch die Frage, ob wir für immer in der Selbstständigkeit bleiben würden, war ungewiss. Ich selbst war über die gesamte Situation jedoch sehr frustriert und unglücklich. Obwohl es uns finanziell gut ging, waren wir beide unglücklich. Das war der beste Beweis dafür, dass uns im Außen nichts wirklich glücklich machen konnte, wenn wir innerlich unzufrieden waren.

Unser äußeres Leben passte nicht zu unserem inneren Zustand – ein Schein wurde gelebt. Kevin kannte die ganzen Häuser und Wohnungen im Internet auswendig und hatte sich auch die Mietwohnungen in Grevenbroich angeschaut.

Zu der Zeit wohnten wir in einer Souterrain-Wohnung mit komplizierten Nachbarn. Eine von ihnen kam nachts herunter und klopfte vehement an unsere Wohnungstür, weil Yanni einen Nachtschreck hatte. Er ließ sich nicht beruhigen und schrie wie am Spieß. Dann gab es noch den selbsternannten Hausmeister, der uns öfter kleine Zettelchen schrieb und an die Wohnungstür klebte.

Trafen wir ihn persönlich im Flur, sprach er kaum ein Wort mit uns. Es war eine seltsame Konstellation im Haus, und wir fühlten uns nicht wohl. Also hielten wir Ausschau nach anderen Wohnungen. Irgendwann ergab es sich, dass wir eine nahegelegene Wohnung direkt auf derselben Straße wie das Ladenlokal entdeckten – nur drei Häuser weiter.

So zogen wir innerhalb des Ortes um und sparten dabei auch noch ein paar Hundert Euro Miete. Dieser Umzug verschob vorübergehend den Fokus auf das Ziel, ein Eigenheim zu besitzen.

Zu diesem Zeitpunkt kam ich gar nicht auf die Idee, mich weiterzubilden oder etwas Neues zu beginnen. Ich war so gefangen in dem selbstgebauten Hamsterrad, in dem ich mich von morgens ab 10:00 Uhr bis abends 19:00 Uhr einsperrte.

Yanni wuchs heran, und wir suchten nach einer Tagesmutter, die tagsüber auf ihn aufpassen sollte, damit Kevin mir auch im Geschäft mehr unter die Arme greifen konnte. Doch auch das änderte wenig an unserem inneren Zustand – ganz im Gegenteil.

Ich kann mich erinnern, dass es zu dieser Zeit in beiden Wohnungen viele Ausbrüche gab. Unsere Gespräche führten immer wieder in eine Sackgasse. Entweder wurde ich laut und grantig, oder Kevin sorgte für Chaos in der Wohnung. Diesen einen Tag werde ich nie vergessen.

Ich war wutentbrannt aus der Wohnung gestürmt – Richtung Geschäft. Und als ich abends zurückkam, lag der gesamte Inhalt unserer Schränke und Regale auf dem Boden. Ich konnte die Wohnungstür kaum öffnen. Ein kalter Schauer lief mir über den Rücken.

Ich wusste sofort, dass Kevin in seiner Überforderung explodiert war. Es war seine Art, mit Frust umzugehen – nicht mit Worten, sondern mit Dingen. Mit unserer Wohnung. Mit unserem Leben. Ich stand da, fassungslos. Ich wusste nicht, ob ich schreien oder weinen sollte. Ich wusste nur, dass ich in dieser Nacht noch all das Chaos beseitigen musste. Ich konnte nicht in diesem Scherbenhaufen schlafen. Also tat ich, was ich immer tat: Ich räumte auf.

Und Kevin? Manchmal half er mir. Manchmal saß er nur da, stumm, leer, während ich Stück für Stück unsere Wohnung – und mich selbst – wieder zusammensetzte.

Der Mietvertrag für das Ladenlokal war auf eine Laufzeit von 15 Monaten befristet. Wie oben bereits erwähnt, wollten sich die Vorgänger vergrößern und früher aus dem Mietvertrag heraus, während wir uns von Anfang an nicht langfristig binden wollten. Als sich die 15 Monate dem Ende näherten, waren wir uns unsicher, was wir tun sollten: Verlängern? Schließen?

Schließlich einigten wir uns widerwillig auf eine Verlängerung. Es hätten drei Jahre sein können, aber ich erinnere mich nicht mehr genau. Für mich war es logisch, dass wir erst einmal weitermachen und das Geld ansparen würden. Kevin hingegen meinte, es sei zu wenig Geld, und wollte das Ganze nicht weiterführen. Ich hatte zwar keine große Lust mehr auf den Laden, konnte mich aber mit dem Gedanken anfreunden, weil ich mich an die finanzielle Sicherheit gewöhnt hatte.

Es kam der Tag, an dem ich bei den Vermietern (ein älteres Ehepaar) in der Wohnung saß und die Mietkonditionen nochmals besprach. Mit dem neuen Mietvertrag ging ich nach Hause, unterschrieb ihn und bat Kevin, ihn ebenfalls zu unterschreiben. Er schien zwar widerwillig zuzustimmen, doch schließlich setzte er seine Unterschrift auch darunter. Ein paar Tage später saß ich mit dem unterschriebenen Mietvertrag wieder bei den Vermietern und freute mich paradoxerweise darüber, dass wir uns im beruflichen Kontext erst einmal keine Sorgen machen mussten. Die beiden Mietverträge waren in einer Klarsichthülle ordentlich verstaut.

Der Moment kam, als die Vermieter nun auch unterschreiben wollten, und wir alle mit Entsetzen feststellten, dass beide Unterschriften (von mir und Kevin) mit einem schwarzen Edding durchgestrichen worden waren. Mir war übel und mulmig zumute. Das Ehepaar sah sich verdutzt an. Der Ehemann regte sich vehement auf und fragte mich, was das bitte schön solle.

Ich zitterte leicht und entschuldigte mich mehr-fach. Es könne sich um ein Missverständnis han-deln – ich hatte, bevor ich die Wohnung verließ, nicht noch einmal auf die Mietverträge geschaut.

Ich wusste sofort, dass Kevin dahintersteckte, sagte dies aber nicht laut. Innerlich lief ein Film von vergangenen Tagen ab: Wie Kevin und ich uns nicht wirklich einig waren, wie wir weitermachen wollten. Seine Aussagen waren trotzig und zynisch. Einen genauen Plan hatte er nicht, nur den, dass sich der Laden nicht wirklich rentiere.

Rückblickend wurde mir klar, dass er wohl nie wirklich hinter der Verlängerung stand und auf diese Weise seine „Ehrlichkeit" gezeigt hatte. Da-her hatte ich (mal wieder) die Verantwortung über-nommen und für uns entschieden, den Laden erst einmal weiterzuführen, bis uns beiden klar wurde, was wir eigentlich beruflich machen wollten.

Aber nun saß ich peinlich berührt und voller Schuldbewusstsein da, entschuldigte mich zum hundertsten Mal, versicherte dem Ehepaar, dass ich es klären würde, und versprach, mich in den nächsten Tagen wieder zu melden. Da es bereits einige Jahre her ist, kann ich mich an die genauen Details nicht mehr erinnern, wie ich es doch geschafft hatte, dass Kevin unterschrieb.

Ich weiß nur noch, dass ich die durchgestrichenen Stellen mit einer Tipp-Ex-Maus übermalt hatte. Wir – oder besser gesagt, ich – führten den Laden noch etwa ein halbes Jahr weiter, bis die Idee von meinen Schwestern kam, nach Berlin zu ziehen, um dort einen Großhandel zu eröffnen.

Zu dieser Zeit gab es weiterhin zahlreiche Krisen und Konflikte, wobei Kevin mich mehrmals im Laden mit Yanni allein ließ. Er holte Yanni von der Tagesmutter am Nachmittag ab, brachte ihn mir im Laden vorbei und war dann direkt wieder weg. Die Situation war schrecklich auszuhalten. Da kam die Idee mit Berlin wie ein Rettungsanker daher, obwohl ich intuitiv schon wusste, dass das überhaupt nicht klappen würde.

Aber die Idee lenkte mich vom belastenden Alltag ab und gab mir einen gewissen neuen Hoffnungsschub, was unsere gemeinsame Zukunft anging. Wir planten irgendwie zwischen Tür und Angel mit meiner großen Schwester den Umzug und die Eröffnung eines Großhandels.

Kevin hatte eine genaue Vorstellung davon, wie wir die Sache angehen sollten. Seiner Meinung nach sollten wir das Ganze fünf Jahre durchziehen, uns zusammenreißen und hart arbeiten. In dieser Zeit würden wir viel Geld sparen, um uns danach alle Freiheiten leisten zu können. Das war eigentlich auch der Plan für das Geschäft in Grevenbroich gewesen. Doch ich konnte nicht erkennen, was genau sich mit dem Großhandel in Berlin ändern sollte – abgesehen davon, dass wir uns in einer anderen Stadt befänden und mit anderen Mengen an Textilien oder Schuhen arbeiten sollten. Aber gut, ich war es leid, mit ihm weiter zu streiten und ständig dagegen anzukämpfen, was eigentlich besser für uns gewesen wäre.

Rückblickend wäre es sinnvoller gewesen, in Grevenbroich zu bleiben, bis wir beide etwas gefunden hätten, das uns wirklich Spaß gemacht hätte. Dem war aber nicht so.

Gott sei Dank ging der Plan am Ende voll in die Hose. Das passierte, nachdem wir bereits in Berlin in unserer neuen Wohnung waren, einen Kita-Platz für Yanni organisiert hatten und das Ladenlokal in Grevenbroich endgültig geschlossen war. Plötzlich änderte Kevin seine Meinung und wollte den Großhandel mit meiner großen Schwester doch nicht mehr führen. Die beiden stritten sich nämlich auch, was den Fokus von den Diskussionen und Konflikten zwischen Kevin und mir wieder einmal verschob. Ich hielt mich im Hintergrund und war mit der Organisation der neuen Wohnung, des Kita-Platzes und so weiter mehr als ausgelastet. Und so saßen wir dann schließlich in Berlin. Im Plattenbau. In Lichtenberg. Ohne Großhandel. Ohne Ladenlokal. Ohne Plan. Zu dritt.

KAPITEL 7

**Berlin, ich komme – und bringe gleich
noch ein weiteres Baby mit!**

Dann bewerbe ich mich einfach irgendwo. Ich gab
„Quereinsteiger Jobs in Berlin" ein und durchstö-
berte die Angebote des World-Wide-Webs. Die
ersten prägnanten Anzeigen sprangen mir ins
Auge, und immer wieder stieß ich auf den Begriff
des Personalberaters.

Nun, Human Resources hatten mich schon immer interessiert – Bewerbungen sichten, Vorstellungsgespräche führen – das würde mir sicher Spaß machen. Also bewarb ich mich auf einige Stellen und erhielt schnell eine Rückmeldung von einer Firma. Innerhalb einer Woche hatte ich einen Job als Karriereberaterin in einem Start-Up-Unternehmen auf der Friedrichstraße in Berlin (wo ich einige Jahre später erneut bei demselben Geschäftsführer landete, jedoch nicht im gleichen Unternehmen).

Kevin bewarb sich ebenfalls auf mehrere Jobs, die er selbst herausgesucht hatte. Doch er war mäßig motiviert, da er ständig mit Vorwänden kam, die auf seine schlechten Deutschkenntnisse zurückzuführen waren. Ich dagegen war einfach nur froh, eine Stelle gefunden zu haben, und war zuversichtlich, dass auch er bald etwas finden würde.

Zur Feier des Tages buchten wir einen gemeinsamen Flug nach China, um mit Yanni zum ersten Mal dorthin zu fliegen. Das war die Zeit zwischen den Jahren 2017 und 2018.

Wir verbrachten die Weihnachtstage und Silvester bis Mitte Januar in China. Ich flog vorzeitig ab, weil mein neuer Job am 15. Januar 2018 begann. Kevin blieb mit Yanni bis Anfang Februar in China und flog mit seiner Mutter gemeinsam nach Berlin zurück. Vorher, an meinem Geburtstag, den 4. Januar 2018, verbrachten wir die Nacht teilweise gemeinsam auf der Couch in der Wohnung von Kevins Mutter – und zeugten Chenni, außerplanmäßig, versteht sich. Denn alle guten Dinge sind und waren ungeplant, nicht wahr?

Das bedeutete, dass ich schwanger zurückflog und auch schwanger in meiner neuen Rolle als Karriereberaterin anfing. Die Schwangerschaft verlief reibungslos und deutlich entspannter als die mit Yanni. Ich blieb bis zum Mutterschutz im Unternehmen und nahm anschließend zwei Jahre Elternzeit. Kevin fand später im Frühjahr 2018 eine Stelle in einem chinesischen Reisebüro.

Kevins Ambitionen, ein Eigenheim zu besitzen, waren (wieder) nach dem China-Urlaub noch präsenter als zuvor.

Er analysierte den gesamten Berliner Wohnungs- und Hausmarkt. Für ihn war jetzt klar: Wir hatten etwas Eigenkapital (vom Ersparten des Ladenlokals), beide feste Jobs und lebten in der Hauptstadt. Ich ließ mich einfach mitziehen und war durch die Schwangerschaft viel entspannter geworden.

Kevin wirkte auch zuversichtlicher, nachdem er mir im China-Urlaub klargemacht hatte, dass er das Leben in Deutschland doch schätzte und nicht wieder in China leben wollte. Wir besichtigten viele Immobilien rund um Berlin. Durch einen Arbeitskollegen bekam ich den Tipp, dass in Michendorf (südlich von Potsdam) gerade neue Häuser gebaut wurden.

An einem Wochenende fuhren wir hin, und ich wusste sofort, dass Michendorf der richtige Ort für uns war. Der Bahnhof war in direkter Nähe, eine Grundschule und mehrere Kitas waren fußläufig erreichbar, es gab zahlreiche Einkaufsmöglichkeiten, Ärzte und viel Natur drum herum – ein perfekter Ort für Kinder zum Aufwachsen.

Die meisten Entscheidungen traf ich, da Kevin der Meister im Analysieren war, aber selten eine endgültige Entscheidung traf. Wir reservierten eines der Häuser und beantragten einen Kredit bei mehreren Banken. Es war kein Zuckerschlecken, da ich zu dieser Zeit bereits im fünften oder sechsten Monat schwanger war. Alles schien auf meinen Schultern zu lasten.

Zum Glück lief es auf der Arbeit gut, und ich war als Karriereberaterin recht erfolgreich. Der Prozess des Kreditantrags zog sich hin, und als ich das Eigenheim innerlich bereits aufgegeben hatte, erhielten wir plötzliche eine Zusage. Ich hakte gedanklich das Projekt Eigenheim endlich ab und war sehr erleichtert. Ich hoffte inständig, dass Kevin nun auch glücklicher werden würde. Leider stellte sich das erhoffte Glück nie wirklich ein.

Am 26. September 2018 erblickte Chenni das Licht der Welt. Chenni war ein superruhiges und entspanntes Baby, das von Anfang an durchschlief – das komplette Gegenteil von Yanni. Ich genoss es, ihn zu stillen und meistens wie einen Rucksack im Tragetuch auf dem Rücken zu tragen.

Als Chenni vier Monate alt wurde, zogen wir endlich in das Reihenmittelhaus in Michendorf um. Die Vorfreude war groß, die Hoffnung ebenfalls. Während der Umzugszeit beschloss Kevin, zu kündigen und sich voll und ganz auf das Haus zu konzentrieren. Ohne weiteren Plan kündigte er und richtete das Haus weitgehend ein. Ich blieb knapp zwei Jahre in Elternzeit und kehrte irgendwann als Teilzeitkraft in meinen Job als Karriereberaterin zurück.

In dieser Zeit diskutierten Kevin und ich immer wieder, ob wir uns nicht wieder selbstständig machen sollten. Ich war vehement dagegen. Das Ladenlokal in Grevenbroich hatte mir bereits eine große Lehre erteilt.

So langsam gingen mir seine Ambitionen, selbstständig zu sein, ein neues Auto zu wollen und weitere Immobilien zu kaufen, gehörig auf die Nerven. Die Ideen waren zwar attraktiv und teilweise nachhaltig, aber die Umsetzung dieser Ideen kann sehr anstrengend sein.

Ich wurde mir zunehmend bewusst, dass ich die Verantwortung für ein neues Projekt allein tragen würde. Viel zu oft hatte mich Kevin hängen gelassen. Außerdem hatten wir Chenni, der mich noch voll und ganz brauchte.

Die nächste Krise klopfte an die Tür: Kevin suchte sich widerwillig irgendwelche Jobs, die er nur wenige Monate ausübte. Da ich absolut nicht bereit war, mit ihm nochmals selbstständig zu werden, war er gezwungenermaßen dazu verdammt, sich alleine für seinen beruflichen Weg einzusetzen. Er bekam eine ganze Menge Absagen von Jobs, die er gerne gemacht hätte. Immer wieder sagte er, dass ihn niemand nehmen wolle, weil er die deutsche Sprache nicht beherrsche – obwohl er offiziell das B2-Sprachniveau hatte.

Doch in der Realität war es eine andere Geschichte. B2 auf dem Papier heißt nicht automatisch, dass du flüssig sprichst – besonders dann nicht, wenn du die Sprache im Alltag kaum benutzt. Und Kevin sprach kaum Deutsch.

Nach fast vier Jahren konnte er sich zwar in einfachen Sätzen verständigen, aber die Hemmschwelle, frei zu sprechen, war riesig. Wenn er einen Bogen darum machen konnte, tat er dies. Ich dagegen lernte fließend Mandarin und sprach auch unseren Dialekt aus Wenzhou, der völlig anders klang als das Hochchinesisch.

Kevins Motivation schwand von Tag zu Tag, als er bemerkte, wie herausfordernd das Leben in Deutschland sein konnte - jetzt mit zwei Kindern und das gewünschte neue Haus. Er hatte sich das alles ganz anders vorgestellt, vor allem seine Karriere hatte er sich viel erfolgreicher erhofft. Schließlich hatte er einen Bachelor und einen Forschungstitel aus der Schweiz. Doch sein Ego hielt ihn an der Leine.

Seine Selbstprophezeiung, keine vernünftige Stelle in Deutschland zu finden, trat immer mehr ein – obwohl er nach unserer Trennung plötzlich bei einem der bekanntesten Automobilhersteller einen Job bekam. Seine Frustration wuchs. Ich dagegen kündigte meinen Job als Personalberaterin, um mich nach der Elternzeit als Heilerin (mit Theta-Healing) selbstständig zu machen. Anfangs lief es gut, doch Kevin spielte nicht mit. Eifersucht, Neid und Intoleranz gegenüber meiner Geschäftsidee breiteten sich aus. Das wurde, neben all den kleinen Alltagskrisen, zu einem weiteren Konfliktthema und zeigte mir, dass ich mit einem solchen Menschen nicht alt werden konnte.

Yin: Wenn ich doch damit Geld verdienen kann, was für dich ja im Vordergrund steht, dann ist es doch legitim, das zu tun, was mir Spaß macht, oder?

Kevin: Das ist aber nicht garantiert, dass du damit Geld verdienst. Du brauchst ein Marketing-Team, das dafür sorgt, dass die Menschen in deine Seminare kommen.

Yin: Na, da hast du doch Ahnung von! Du kannst mir doch helfen.

Kevin: Warum kannst du nicht einfach etwas anderes machen? Etwas, bei dem du erst Geld verdienst und dann das tust, was dir Spaß macht?

Yin: Hä? Ich kann das doch jetzt schon miteinander verbinden. Wieso sollte es nur das eine oder das andere geben?

Kevin: Weil es halt so ist.

Yin: Ach so … in deiner Welt zumindest.

Kevin: Ach, du bist schon so Hirngewaschen, dass du nur noch den Gurus da draußen glaubst und nicht mehr realistisch bist.

Ich werde dir schon zeigen, dass ich es schaffen werde … dachte ich mir. Der nächste Kampf war eröffnet. Ich habe genau zweimal ein Seminar gehalten, und jedes Mal hat es mir riesigen Spaß gemacht, das Wissen weiterzugeben.

Meine Freude steckte Kevin zwar bedingt an; er fuhr täglich Pakete von Amazon aus und war mehr als erschöpft und verbittert über seine Lage.

Daher kam es immer wieder zu gewalttätigen Ausbrüchen, in denen er völlig die Kontrolle verlor. Für Kevin war klar, wie wichtig das Umfeld für einen ist, was ich zu diesem Zeitpunkt bedingt bestätigte. Wir waren nun schon so oft umgezogen, und immer wieder kamen wir an den gleichen Punkt, an dem es in Streit ausartete.

Zu dieser Zeit lernte ich Hedda Rühle und die Aufstellungsarbeit kennen. Kevin war genau zweimal dabei, nachdem ich mir den Mund fusselig geredet hatte. Seine innere Einstellung zu dieser Therapieform war höchst kritisch. Natürlich verstand er, dass er auch seinen Anteil hatte, den er sich anschauen könnte, aber nicht wollte. Dagegen habe ich auch angekämpft. Warum sollte man nicht wissen wollen, warum man so ist, wie man ist? Warum man so denkt und handelt, wie man handelt? Schade, dass ich nur aus meiner Sicht die Dinge gesehen habe.

Jeder hat das Recht, sich seine Vergangenheit anzuschauen oder eben auch nicht. Jemand meinte eines Tages zu mir, dass, wenn jemand sich partout nicht die eigene Vergangenheit anschauen will, diese so furchtbar sein muss, dass er sie einfach ausblendet.

Unser Verstand tut nämlich alles, um uns zu schützen und uns niemals wieder durch den Schmerz gehen zu lassen – doch erst, wenn wir bereit sind dem Verstand weniger Gewicht zu geben und der Stimme unseres Herzens mehr Raum zu schenken, können wir uns wieder mit dem verbinden, was wir wirklich sind.

Familiengeheimnisse: Die Aufstellung, die alles änderte

Nach der Geburt von Chenni hatte unser Intimleben eine lange Durststrecke vor sich. Ich wollte und konnte einfach nicht.

Mein Körper versperrte sich, fühlte sich weder sicher noch von Kevin angezogen – ein deutliches Zeichen dafür, dass in unserer Beziehung etwas grundlegend aus dem Ruder lief. Natürlich dachte ich, ich müsste herausfinden, wo das Problem lag. Kevin war jederzeit bereit, aber ich hatte den Laden dichtgemacht.

Also begann ich, nach Antworten zu suchen, überzeugt davon, dass etwas mit mir nicht stimmte. Dass es für solche Probleme immer zwei braucht, ignorierte ich dabei völlig. Mein Berg an Schuldgefühlen wuchs gedanklich zu einem Mount Everest. Irgendwann wurde es Zeit, radikale (Selbst-)Verantwortung für die Beziehung zu übernehmen. Doch dass ich es allein nicht schaffen würde, wurde mir erst nach drei Jahren bewusst.

Es ist wie bei einem Tandemrad: Zu zweit kommt man gut und zügig voran. Wenn aber nur einer in die Pedale tritt, wird der andere irgendwann zur Last. Es wird mühsam und anstrengend. In so einer Situation steigt man lieber auf ein normales Fahrrad um und fährt alleine weiter.

Wie so oft wandte ich mich ans Internet und fand schnell eine inspirierende Person, die genau die Schmerzpunkte ansprach, die ich (wir) hatte(n).

Es war einer der ersten Onlinekurse, die ich kaufte – in der Hoffnung, unser Intimleben zu retten. Der Kurs eröffnete mir eine völlig neue Welt, von der ich zuvor weder gehört noch gelesen hatte. Es war ein Wissen, das meiner Meinung nach in der Schule früh vermittelt werden sollte: eine ganzheitliche Sicht auf das weibliche Wesen, die Erkenntnis, wie mächtig unser Kraftzentrum – die Gebärmutter – ist, die weibliche Anatomie (ich hatte lange nicht gewusst, dass es dort unten bei uns Frauen drei Öffnungen gibt), der weibliche Zyklus in Verbindung mit dem Mondzyklus, die weiblichen und männlichen Anteile in uns Menschen (Yin und Yang).

Erst hier wurde mir bewusst, wie schön mein eigener Vorname eigentlich ist. Der Kurs führte mich weiter zur Idee der inneren Ehe – der Balance zwischen der inneren Frau und dem inneren

Mann, die wir alle in uns tragen – und noch zu vielem mehr.

Dadurch rückte der Fokus immer mehr auf meine eigenen Bedürfnisse, die ich begann, aufrichtig und ehrlich zu kommunizieren. Und so fand ich mich schließlich oft zurück bei dem Ereignis, das alles überschattete: unserer ersten Fehlgeburt.

Der Punkt ist, dass ein gemeinsamer Verlust stattgefunden hat, der nie wirklich verarbeitet wurde. Ein Verlust kann ältere Traumata aus unserer Kindheit (wieder) in uns zum Vorschein bringen. Die Gespräche liefen wie eine Einbahnstraße – oder besser gesagt, wie in eine Sackgasse. Die Sackgasse lautete: Hätte ich damals bei der ersten Schwangerschaft die Medikamente genommen oder wäre gar nicht Wandern gewesen, wäre das nie passiert. Bevor ich an jenem Abend auf Kevin gewartet hatte und mich vor Schmerzen die halbe Nacht krümmte, waren wir zwei Tage zuvor aufgrund von Blutungen bereits im Krankenhaus gewesen.

Die Ärztin hatte mir sofort Tabletten verschrieben, die ich jedoch nicht eingenommen hatte. Ich hatte ein schlechtes Gefühl dabei gehabt.

„Ich nehme keine Medikamente während der Schwangerschaft", war meine Aussage. Die Blutung war nach einer Wanderung aufgetreten, als mich meine Arbeitskollegin aus der Schweiz mit ihrem Freund in China besucht hatte. Alle hatten mich vor dieser Wanderung gewarnt, aber ich hatte es nicht verstanden.

Ich war nur schwanger, nicht krank. Dass die ersten drei Monate einer Schwangerschaft eine größere Wahrscheinlichkeit für eine Fehlgeburt mit sich brachten, war mir nicht bewusst genug. Ich war stur und eigensinnig. Es war mir nicht klar, wie schwierig es für Kevin gewesen sein musste – schließlich war es auch sein Kind. Und ich ging fahrlässig damit um. Später gestand ich mir ein, dass ich aus Unsicherheit die Tabletten nicht hatte nehmen wollen. Ich habe all meinen Schwestern dabei zugesehen, wie sie ihren Alltag normal lebten, während sie schwanger wurden.

Warum sollte ich es anders tun? Aber egal, wie ich meinen Standpunkt in unseren Gesprächen über die Fehlgeburt vertrat, ich war allein verantwortlich für die erste Fehlgeburt. Es gab kein Verständnis, kein Mitgefühl – was rückblickend echt schräg war. Ich fühlte mich noch miserabler, als ich es ohnehin schon tat.

Also wandte ich mich an die anderen Frauen im selben Online-Kurs und schüttete mein Herz bei ihnen aus. Der Vorteil war, dass ich von ihnen so viel Zuspruch, Verständnis und ehrliche Worte bekam, dass ich mich immer sicherer in mir selbst fühlte. So konnte ich mein Selbstvertrauen stärken und in winzigen Schritten täglich eine Prise mehr auf meine Intuition vertrauen.

Der Online-Kurs führte mich zu meinem ersten Frauenkreis, danach zu Eva-Maria Zurhorst, die eine bedeutend große Rolle in meinem Leben spielte. Ihr Buch *Liebe dich selbst und es ist egal, wen du heiratest* wurde zu einer Art Bibel für mich – doch nach all den Jahren würde ich es jetzt mit ganz anderen Augen lesen.

Damals hatte ich mich aufgrund ihrer Geschichte so sehr darauf versteift, dass meine Ehe um jeden Preis überleben müsse. Später führte mich mein Weg auch zu Tantra. Jedes dieser Werkzeuge brachte mich ein Stück weiter auf meinem Weg – als würde ich Puzzleteile einsammeln, die mir eine tiefere Erkenntnis über mich selbst ermöglichten.

Aus der Tantra-Lehre entnahm ich viele Rituale und Praktiken, die ich mit Kevin ausprobierte. Eine der Übungen ist sehr einfach und gleichzeitig so ganz anders, als wir das herkömmliche Liebesspiel kennen. Keine großartigen Stimulationen und keine Absicht, zum Höhepunkt zu kommen. Absichtslos und gefühlvoll. Es geht darum, wahrzunehmen, was der Körper von sich gibt. In der Praxis bedeutet das, dass sich die Geschlechtsorgane miteinander verbinden, aber sich nicht bewegen.

Am besten in der Yab-Yum-Stellung (der Mann sitzt im Schneidersitz und die Frau sitzt auf ihm).

Hierbei können sich beide umarmen und sich in die Augen schauen. (Später kam ich dazu, dass ich einen Tantra-Ratgeber namens *Spirit Tantra* von meiner lieben Freundin Anne Durmaz eingesprochen habe, welcher auf Audible zu hören ist.)

Bei dieser Übung ist höchste Achtsamkeit erforderlich. Bei uns war das so, dass ich es total genoss, aber auch die Unsicherheit und den Drang nach einem Höhepunkt seitens Kevin spürte. Den Wechsel von Leistungsorientierung zu Absichtslosigkeit zu vollziehen, ist für viele Menschen – Männer wie Frauen – eine große Herausforderung.

Jedenfalls ist diese Übung mehrmals voll in die Hose gegangen, und Kevin war sehr wütend auf mich. Ich sollte ja unser Intimleben verbessern und es nicht noch komplizierter machen. In der Langsamkeit spürt man(n) auf einmal all die angestauten Gefühle und Frau möchte es nicht mehr (in sich) aufnehmen. Ich ging so weit, dass ich mich weigerte, meinen Körper zu geben, wenn mir nicht danach war.

Und hier sind wir an einem weiteren wichtigen Punkt: Nicht nur eine Person muss sich bewusstwerden, warum das Intimleben nicht mehr funktioniert. Ich wollte keine Auffangstation für all die angestauten und unausgesprochenen Worte für Kevin sein. Ich wollte mich auch nicht mehr aussaugen lassen. Oft habe ich mich leer und traurig gefühlt, obwohl es auch noch ab und an leidenschaftliche Momente gab. Es ging nicht mehr darum, ob ich zum Höhepunkt gekommen war oder nicht. Egal, wie das Ende war, ich fühlte mich schwer, leer und miserabel. In manchen Momenten wurde mir dazu noch übel.

Durch die vielen Konflikte stieß mir immer wieder der Begriff der systemischen Familienaufstellung nach Bert Hellinger zu. Ich begann danach zu googeln – mit Erfolg. Ich besuchte mehrere Aufstellungen, zunächst als Stellvertreter bzw. Beobachter, hatte aber bald meine eigene Aufstellung. Dabei weiß ich, dass Aufstellungsarbeit nicht für jeden das Richtige ist.

Jede Methode hat ihre Eigendynamik und kann für den einen völlig abstoßend, für den anderen jedoch inspirierend hilfreich sein. Für mich ist es ein absolut magisches Werkzeug, das ich tief in meinem Inneren einfach wortlos verstehe.

Voller Hoffnung und Neugier gab ich diesem Phänomen die Möglichkeit, die festgefahrenen Konflikte zwischen Kevin, meiner Familie und mir aus einer sehr interessanten Perspektive zu betrachten. Dazu begab ich mich in eine meiner ersten Einzelaufstellungen bei Hedda, die eine wahrlich große Meisterin in der Aufstellungsarbeit ist. Eine einzigartige Therapeutin und Frau, die Wissen, Weisheit und Intuition vereint. Es brauchte einige Aufstellungen, bis die wahre Ursache an die Oberfläche trat und das Gefühl der Übelkeit (beim Liebesakt) vollkommen verschwand.

Wer noch nie Erfahrung mit Aufstellungsarbeit gemacht hat, dem empfehle ich sie sehr. In unseren Familiensystemen sind viele Geheimnisse verborgen – wir können sie nicht greifen, aber wir fühlen sie.

Es ist ein Phänomen, das bestätigt, dass alles miteinander verbunden ist. In meinem Fall zeigte sich ein transgenerationales Trauma, was bedeutet, dass Erfahrungen von Vorfahren an die Nachfahren weitergegeben werden.

Mein Beispiel: Ich wollte der Übelkeit auf den Grund gehen. Das erste Mal, als ich sie verspürte, dachte ich, ich wäre schwanger. Eine andere Möglichkeit, die mir in den Sinn kam, war, dass mein Partner untreu gewesen sein könnte. Ich hatte Kevin oft gefragt, ob er mir untreu war. Immer wieder verneinte er es – und irgendwann war ich fein damit.

Ich hatte gebohrt, nachgehakt, wollte wissen, ob da etwas war, das ich übersehen hatte. Aber es war nichts. Zumindest nichts, was für mich eine Rolle spielte. Also blieben nur zwei Möglichkeiten: Entweder ich glaubte ihm – oder ich suchte weiter nach einer Wahrheit, die nicht existierte. Beide Möglichkeiten schlossen sich aus. Dann zeigte sich in einer Aufstellung meine Großmutter (die Mutter meines Vaters) – sie war früh verstorben.

Mein Großvater war mehrfach vom chinesischen Staat als Soldat eingezogen worden und war oft monatelang nicht zu Hause gewesen. Hedda übernahm die Rolle meiner Großmutter als Stellvertreterin, und plötzlich krümmte sie sich und lag Sekunden später auf dem Boden. Ich bekam am ganzen Körper Gänsehaut und spürte einen inneren Schauer. Ohne Kontrolle liefen mir Tränen über die Wangen.

„Sie wurde vergewaltigt", kam es aus mir heraus.

Wir führten ein Ritual durch, bei dem ich meine Achtung vor ihrem Schicksal zum Ausdruck brachte:

„Ich achte und sehe dein Schicksal. Ich bin deine Enkelin. Dein Schicksal lasse ich bei dir."

Diese kurzen, klaren, erlösenden Sätze halfen mir, das damalige Ereignis in Würde und Respekt zu sehen. Ab diesem Moment hatte ich während des Liebesaktes kein Gefühl der Übelkeit mehr. Es blieb nur noch das Gefühl der Leere und Einsamkeit.

Und diese Leere war eindeutig ein Zeichen dafür, dass ich mich in tiefer Schuld fühlte und mich
von Kevin aussaugen ließ. Kevin ging es weiterhin
gut, aber in ruhigen, klaren Momenten wusste er,
dass zwischen uns einiges nicht mehr stimmte.

KAPITEL 8

Mut ist gut, aber Angst hält besser (zumindest vorübergehend)

Kevin kehrte vor Angst aus China zurück. Eigentlich wollte er länger dortbleiben, ohne einen endgültigen Schlussstrich zu ziehen. Auch meine klare Sprachnachricht an ihn entstand aus einer tiefen Angst. Die Angst, verzweifelt und völlig gebrochen allein mit den Kindern zu enden.

Diese Angst trieb uns dazu, zusammenzubleiben und es noch einmal zu versuchen. Beim Schreiben spüre ich eine leichte Übelkeit und Scham für diese Momente. Scham darüber, wie lange ich es ausgehalten habe. Scham darüber, dass ich dachte, das wäre Liebe. Scham darüber, dass ich so sehr daran festgehalten habe – obwohl ich längst wusste, dass es vorbei war.

Ich kann es kaum glauben, wenn ich heute zurückblicke. Ich kann kaum fassen, dass ich so gedacht habe. Dass ich so lange in etwas geblieben bin, das längst vorbei war. Doch gerade diese angstvollen Augenblicke haben mir im Nachhinein gezeigt, warum Menschen oft in Beziehungen verharren. Denn es braucht einen von beiden, der innerlich gefestigt und sicher genug ist, um eine Beziehung vollständig und endgültig zu beenden.

Zu diesem Zeitpunkt waren weder Kevin noch ich dazu in der Lage. Es war ein Teil des Prozesses. Ich war damals noch nicht mutig genug – bis Kevin mir durch seine Ausbrüche Schritt für Schritt den Abschied erleichterte. Anfangs habe ich die Ausbrüche einfach ausgehalten und nicht ernstgenommen.

Als wir später nach Michendorf ins Haus zogen, hoffte ich auf einen Neuanfang ohne weitere Ausbrüche oder Konflikte. Doch wir nahmen uns und unsere Ansichten ja mit. So kam es, dass ich mehrmals einfach weglief und für mehrere Tage bei Freunden untertauchte. Egal, wer anrief – ich ging nicht ans Telefon.

Es war mir alles zu viel. Ich wollte mich mit den Kindern einfach aus der Misere herausziehen. Natürlich war das nur eine kurzfristige Lösung, aber in der Not erschien es mir als das Richtige. Wir waren beide im Streit handgreiflich geworden, und die Aggressionen in uns hatten ein Feuer entfacht. Einer von uns goss dem anderen immer mehr Öl ins Feuer. In einem dieser Momente ging meine Brille kaputt. Später konnte ich sie mit Tesafilm und Sekundenkleber vorübergehend reparieren. Es war eine furchtbare Zeit. Wir kamen beide nicht auf die Idee, die Sache in Ruhe zu klären – wir waren wie in uns selbst gefangen.

Ein anderes Mal, als ich mit den Kindern Kevin verließ, ging ich ins Frauenhaus.

An jenem Abend schrieb ich in einer WhatsApp-Frauengruppe, dass ich mir nicht sicher war, ob ich bleiben oder endgültig gehen sollte. Ich schilderte die Geschehnisse: Kevin hatte sich mit mir im Bad eingeschlossen und mich gezwungen, eine Entscheidung zu treffen. Ich hatte Angst, aber er ließ mich partout nicht aus dem Bad. Irgendwann gab ich vielleicht nach, oder er war einfach müde geworden. Später saß ich im Kinderbett, kauerte mich in eine Ecke und starrte auf mein Handy.

Im Chat nahm ich Kevin wie so oft in Schutz und schrieb, dass auch ich meinen Teil dazu beitrug. Er konnte ja nicht anders. Vielleicht sollte ich einfach bleiben, noch mehr aushalten. Immerhin fand er keine passende Arbeit, die ihn erfüllte - und ich war noch in Elternzeit. Die Frauen sahen das ganz anders. Sie ermutigten mich, fortzugehen und mich in Sicherheit zu bringen.

Doch am nächsten Tag ging der ganze Horror weiter. Ich brachte Yanni mit Chenni im Kinderwagen in die Kita. Auf dem Rückweg bog ich in den Wald ab und telefonierte mit Frauenhäusern in der Umgebung. Eines davon hatte tatsächlich noch ein Zimmer frei. Ich könnte am Nachmittag mit den Kindern vorbeikommen und dort für eine unbestimmte Zeit bleiben. Dafür brauchte ich nur ein paar Wechselsachen. Eilig spazierte ich mit Chenni im Kinderwagen nach Hause und spürte die Klarheit in mir:

Ich musste wieder einmal auf Abstand gehen, um eine Eskalation der häuslichen Situation zu vermeiden. Zuhause angekommen, begann ich sofort zu packen. Kevin bemerkte mein eifriges Packen. Als ich fertig war, nahm er Chenni auf den Arm und weigerte sich, ihn mir zu geben. Er sagte, ich solle allein gehen, wenn ich schon gehen wolle. Daraufhin drohte ich, die Polizei zu rufen, falls er mir Chenni nicht übergeben würde. „Ruf sie doch an", entgegnete er lässig. Ich wählte die 110 und bat die Polizei um Hilfe.

Kevins Blick wurde nervös, und er konnte kaum glauben, was er hörte. Schließlich übergab er mir Chenni, schnappte sich die Autoschlüssel, verließ das Haus und stieg ins Auto. Sofort rief ich in der Kita an und bat die Erzieher, Yanni nicht an Kevin zu übergeben. Die Angst saß mir im Nacken und krallte sich vehement fest, sodass mir ganz schlecht wurde. Die ganze Situation glich einem schlechten Thriller.

30 Minuten später fuhr ein Streifenwagen vor das Haus. Kevin war auch wieder da. Ich konnte ihn nicht ansehen; ich wollte einfach nur weg – weg von ihm, weg aus dem Haus, weg aus dieser Situation. Die Polizei nahm unsere Daten auf und befragte uns, was genau passiert war. Es fühlte sich an, als wären wir in einem falschen Film gefangen. Ich schilderte die Situation und den gestrigen Vorfall im Bad.

Zu diesem Zeitpunkt fühlte ich nur Angst und den dringenden Wunsch, ins Frauenhaus zu gehen. Kevin versuchte, sich herauszureden, aber an diesem Punkt war es mir längst egal.

Mein einziger Fokus lag darauf, die Kinder und mich in Sicherheit zu bringen. Die Polizei machte schließlich klar, dass ich nun gehen konnte und dass alles Weitere über einen Anwalt geklärt werden müsste. Mit Chenni auf dem Arm verließ ich das Haus, um Yanni von der Kita abzuholen – ohne mich auch nur ein einziges Mal umzudrehen.

Die Tage im Frauenhaus waren überbrückbar. Als ich jedoch die Hausratte mehrmals im Zimmer sah, entschied ich mich, in all dem Elend nach fünf Tagen für ein paar Tage zu meiner Schwester in Radevormwald unterzutauchen. Ich war ein totales Wrack, mein Nervenkostüm war so durchsichtig wie eine Feinstrumpfhose. Die Unsicherheit und Sorge saßen verbissen auf meinen Schultern. Ich wusste, dass das alles nur eine Fluchtreaktion war. Eine weitere Entscheidung musste her.

Nach ein paar Tagen fuhr ich mit den Kindern wieder zurück und Kevin war bereit, eine gemeinsame Lösung mit mir zu finden - oder vielleicht wollten wir es beide einfach nur noch einmal versuchen.

Ich wollte es so sehr. Ich wollte, dass wir es gemeinsam schaffen. Dass all das Leid und all die Kämpfe nicht umsonst gewesen waren. Dass die Hoffnung auf eine funktionierende Familie nicht nur eine Illusion war. Aber war es wirklich Hoffnung – oder war es einfach nur Angst? Vielleicht war es nie Hoffnung, sondern nur die Angst, die sich als Hoffnung tarnte.

Und so kehrte ich zurück – nicht, weil ich mir sicher war, dass es funktionieren würde, sondern weil ich einfach noch nicht bereit war, den endgültigen Schlussstrich zu ziehen. Mit der aufsuchenden Familientherapeutin vom Jugendamt war ich über die Zeit hinweg im regelmäßigen Austausch. Für Kevin war das höchst befremdlich: *Familienangelegenheiten gehörten nur intern in die Familie. Was sollten fremde Menschen dazu beitragen können?*

Ich hingegen nahm jede Hilfe an, die mir angeboten wurde. Es kam mir nicht in den Sinn, dass ich noch mehr zu verlieren hatte. Für Kevin ein peinlicher Gesichtsverlust. Die aufsuchenden Therapeuten begleiteten uns bzw. mich über ein Jahr. Dass wir alle vier – die zwei Therapeuten, Kevin und ich – gemeinsam am Tisch saßen, konnten wir an einer Hand abzählen.

Für Kevin war klar, dass er da auch rausmusste. Die Bereitschaft, sich ehrlich und aufrichtig verletzlich zu zeigen, war nicht gegeben. Dennoch war sie in ihm – diese Sanftheit und Aufrichtigkeit. Sie kam nur durch, wenn ich völlig am Ende war.

Ich kann mich an eine Situation erinnern, in der wir beide im Wald auf einem umgestürzten Baum saßen. Yanni lag damals schlafend im Kinderwagen und Chenni im Tragetuch auf meinem Rücken. Mit Ruhe und Klarheit vermittelte ich ihm mein Inneres. Ich konnte nicht mehr so weitermachen, mich jeden Tag streiten oder Gedanken darüber machen, uns wieder selbstständig zu machen. Ich wollte nur, dass wir ehrlich miteinander sind.

Dass wir uns eingestehen, dass das neue Haus und das neue Auto uns auch nicht weiter glücklich machen würden, wenn wir beide nicht mehr auf demselben Pfad der Ehe sind. Dass wir beide keine Ahnung von Kindererziehung haben, keine Ahnung vom Leben an sich und keine Ahnung, wie man eine gesunde Beziehung führt.

Alles machte es auch nicht besser, als ich in der Vergangenheit noch herumkramte, um mir all meine Kindheitserfahrungen bewusst zu machen und mit Kevin zu teilen. Alle Gründe aufzuzählen, warum wir so sind, wie wir sind. Allerdings war Kevin an dieser Stelle der felsenfesten Überzeugung, dass das Vergangene rein gar nichts mehr mit dem Jetzt zu tun hat. Es war ja bereits passiert, was sollte das für Auswirkungen auf die Gegenwart haben? Für mich hing beides - die Vergangenheit und die Gegenwart - miteinander zusammen. Das half *mir*, aber nicht *uns*.

In meiner Verzweiflung und Erschöpfung war ich sogar bereit, ihm die Kinder zu überlassen und auszuziehen.

Die permanente Kritik, die wir uns beide gaben, nährte nur unser Ego und brachte uns Stück für Stück auseinander. In der Ruhe im Wald auf dem Baumstamm gab er zu, dass er sich auch ändern musste. Er teilte mir mit, dass er meine Veränderung und mein Engagement mit den Kindern sah und spürte. Er selbst wusste nur nicht, wie er das anstellen sollte.

Wie heilsam ein Zugeständnis des anderen für einen selbst ist, wenn das eigene intuitive Gefühl bestätigt wird. Ich war sehr glücklich über das offene Gespräch – für einen Moment. Zuhause angekommen, lief das elendige Programm einfach weiter. Kevin verwandelte sich abrupt wieder in einen schwer erziehbaren pubertären Jungen, der alles besser wusste, aber nicht selbst die Dinge in die Hand nahm.

Es ging um etwas ganz Banales, das er einfach hätte selbst reparieren können. Diese Unselbstständigkeit brachte mich zur Weißglut und ich platzte.

Mit wütendem Blick und lautem, strengem Ton überhäufte ich ihn (wieder einmal) mit einer Moralpredigt. All die Ruhe und Klarheit wichen, und was blieb, war eine dunkle, klebrige, stinkende Masse, die an uns festklebte. Die Kinder zogen sich ins Kinderzimmer zurück. Natürlich half mein Geschrei nichts. Ich wurde zur Furie und Kevin zum taubstummen Eremiten.

Wie mich die Krisen beschenkten

Mein Leben wäre ohne diese Ehe wahrscheinlich leichter und undramatischer verlaufen. Vor Kevin hatte ich zwei andere Beziehungen, die zwar nicht vergleichbar sind, da keine Kinder im Spiel waren, aber die Art und Weise, wie sich ein Mensch in Krisensituationen zeigt, verrät eine Menge über die Prägungen, die er oder sie in der Vergangenheit erfahren hat.

Dadurch habe ich mich selbst besser kennengelernt und war oft erschrocken, wie weit ich in bestimmten Situationen gegangen bin. An dieser Stelle fragte ich mich, ob ich jemals auf diese Bücher und die Therapiemethode gekommen wäre, wenn ich nicht diese Krisen durchlebt hätte. Vielleicht nicht.

Das Arbeiten mit der Theta-Healing-Methode war bereits bahnbrechend, und die Ergänzung durch Aufstellungsarbeit sowie andere metaphysische Methoden machte mir unglaublich viel Spaß.

Nach den dunklen Momenten und den vielen Erkenntnissen kann ich heute herzhaft über alles lachen. Nichts ist heilsamer, als über das Leben lachen zu können. Egal, wie ernst es im Leben zugeht – ob wir in Angst und Schrecken oder in Freude und Leichtigkeit leben, am Ende unserer Zeit werden wir so oder so vom Tod begrüßt. Die zweite Wahl ist jedoch erheblich komfortabler. Viele Menschen glauben, dass es nur auf eine Weise funktioniert.

Aus Gewohnheit und Angst heraus bleibt kaum Raum für die Möglichkeit des Gegenteils. Zum Glück hatte ich viele Vorbilder in meiner Familie und in meinem Umfeld, bei denen ich meine Beobachtungen machte. Meine Mutter ist die witzigste Person für mich – das war nicht immer so.

Sie regt sich nach über 50 Jahren Ehe mit meinem Vater immer noch auf, warum er so ist, wie er ist. Dieser Prozess bedeutet, sich immer wieder daran zu erinnern, dass a) wir niemanden ändern können und b) wir immer die Möglichkeit haben, wenn wir anfangen, beim Partner zu kritisieren, uns selbst zu fragen, was wir gerade brauchen und wollen bzw. vermeiden wollen zu fühlen (wie Hilflosigkeit, Scham, Schuld usw.).

Denn wie wir auf den anderen reagieren, können wir meistens kontrollieren (wenn wir das möchten). Wäre ich den Weg des Grauens gegangen, wäre ich wahrscheinlich immer noch im Scheidungsprozess und in etliche Verfahren verwickelt, in denen ich Kevin aus x Gründen an den Pranger hätte stellen können.

Doch mein Wohlergehen und mein innerer Wunsch nach Frieden wären dabei verloren gegangen. Umso mehr war ich offen für alle Möglichkeiten, die sich mir zeigten, den Weg der Liebe zu gehen – den Weg des Mitgefühls, des Verständnisses und des Vertrauens.

Das mag vielleicht schnulzig klingen, ist es aber überhaupt nicht. Es ist eine große Kraft, die wir alle in uns tragen. Es ist unser natürlicher Zustand. Nur wenn der Verstand die Oberhand behält, kann diese Kraft nicht zum Vorschein kommen. Je mehr ich den Schmerz in mir zuließ, desto stärker konnte das Mitgefühl durch mich hindurchscheinen.

Es ist, als wäre das Herz eine Linse, die durch Groll, Hass und Schmerz völlig verschmiert wurde – und nur durch unsere Tränen der Erlösung wird sie wieder sauber und klar. Je nachdem, wie dick und lang die Verschmierung geworden ist, braucht es viel Reinigungswasser (Tränen), damit sie wieder klar und durchlässig wird.

Ein anderes Beispiel, das ich auf Instagram gesehen habe, ist ein Glas mit dunklem Inhalt, der wie Kaffee aussieht. Es wird unter den Wasserhahn gehalten und so lange mit Wasser befüllt, bis der ganze dunkle Inhalt wieder klar wird.

Es braucht Zeit, bis wir alle unsere Verletzungen zugelassen haben. Wir wissen tief in uns, dass Schmerz zum Leben dazugehört und nicht vermeidbar ist, weil wir einfach Menschen sind. Und wenn trotzdem der Schmerz der Hilflosigkeit und das völlige Unverständnis gegenüber Kevin in mir aufstiegen, beruhigte ich mich mit meinen eigenen Worten:

Er kann nicht anders. Es muss dir NICHT leidtun, er hat NICHT versagt – du übrigens auch nicht. Keiner von euch hat versagt. Ihr beide seid immer noch wertvoll. Sehr wertvoll. Er trägt die Verantwortung für sich und du für dich. Er tut sein Bestes für sich und die Kinder, nach SEINEM Wissensstand. Ihm steht der Schmerz ins Gesicht geschrieben. Er kann nicht anders. Ich weiß, du willst ihm helfen, aber gib dich dem hin. Lass dich in die Arme der großen Mutter Erde fallen. Dann fühlt es sich so an:

Wenn die Lebendigkeit durch uns kommt. Der Schmerz uns packt und uns in die Tiefen katapultiert, meinen wir, vor Schmerz zu zerreißen. Die Erlösung scheint eine Fata Morgana zu sein. Der Schmerz frisst uns auf und drängt uns, uns hineinfallen zu lassen. Wir sterben. Fallen. Der Schmerz fließt. Kein Halt. Fallen. Tiefer. Dunkler. Umarmt von der Dunkelheit geben wir uns hin. Die Tränen fließen. Wie auf einem Meer der Einsamkeit und des Verlorenseins schweben wir dahin. Der Schmerz hat bereits unser ganzes System befallen.

Es ging hier längst nicht mehr nur um mich. Wäre ich allein gewesen, hätte ich die Beziehung wahrscheinlich früher beendet. Ich war definitiv an den falschen Menschen geraten. Doch ganzheitlich betrachtet, gibt es keine falschen oder richtigen Menschen. Wir sind einfach. Wir sind Engel auf Erden, die verschiedene Erfahrungen machen. Im Kern ist jeder Mensch wertvoll und einzigartig. Die Erkenntnis, zu der ich kam, war, dass ich am Ende vollständig selbst für mein Leben verantwortlich bin.

Niemand kann es für mich leben. Ich kann mich für oder gegen einen Menschen entscheiden. Und ich war drauf und dran, mich für mein Herz zu entscheiden.

Mein Herz wollte nur noch eines: wahrhaftig und aufrichtig lieben, ohne manipulativ, unehrlich, selbstsüchtig oder herrisch zu sein. Doch dann erkannte ich etwas Unerwartetes: Je mehr ich mir erlaubte, manipulativ, unehrlich, selbstsüchtig oder herrisch zu sein, desto weniger verspürte ich den inneren Drang, es um jeden Preis zu sein. Lange Zeit hatte ich diese Eigenschaften an Kevin oder andere Menschen in meinem Umfeld verachtet – weil ich sie mir selbst nicht erlaubt hatte. Ich hielt mich für die „Gute", die „Ehrliche", die „Selbstlose".

Aber war ich das wirklich? Erst als ich mir eingestand, dass auch ich manipuliert, gelogen und Kevin kontrolliert hatte, verlor es seine emotionale Ladung. Ich erkannte, dass ich nicht anders war als er – ich hatte es mir nur lange nicht erlaubt, es zu sehen.

Solange ich gegen all diese Aspekte ankämpfte, wurden sie nur größer und nahmen immer mehr Raum in mir ein. Erst als ich mir eingestand, dass ich all das ebenfalls bin, hörte der Wahnsinn auf. Doch der Weg dorthin war äußerst steinig. Immer wieder entschied ich mich für die Angst. Immer wieder ließ ich den Hass und den Groll gegen mich und Kevin wachsen – zum Leid meiner Kinder und meines eigenen Herzens.

Ich wusste, dass es falsch war, und dennoch ging ich mit mir selbst in den Widerstand. Ich verhielt mich wie eine Drogenabhängige auf Entzug, die immer wieder rückfällig wurde. Alleine hätte ich das niemals geschafft. Natürlich war ich oft mit meinen Gefühlen allein, aber ich wusste, es gibt Menschen, die mir auf die beste Weise helfen können, wenn ich es zulasse. Meine Familie und Freunde waren dabei keine Unterstützung, wie ich sie in meiner Situation gebraucht hätte. Ihre Ansichten waren in meiner Wahrnehmung entweder zu engstirnig, einseitig gedacht oder zu oberflächlich.

Selbst meine wenigen Stunden in der Psychotherapie waren zwar erkenntnisreich, aber sie
deckten immer nur einen Teil des Ganzen auf. Inzwischen hatte ich jedoch so viel Neues kennengelernt: von der Astrologie über Familienaufstellun-
gen bis hin zu Energiearbeit wie Quantenheilung,
Theta-Healing und Reiki – Methoden, die teils
mystisch, teils wissenschaftlich fundiert sind.

Diese Erfahrungen verschafften mir einen
ganzheitlichen Überblick über das Menschsein.
Wir alle sind miteinander verbunden und unsichtbar vernetzt. Vielen mag diese Vorstellung unheimlich oder gar absurd erscheinen. Doch jeder
Mensch, der sich intensiver mit dem Unsichtbaren
auseinandersetzt, weiß, dass es existiert. Nur weil
wir etwas mit bloßem Auge nicht sehen können,
bedeutet das nicht, dass es nicht da ist.

KAPITEL 9

Nach dem Auszug - Etwas über die Wahrheit

Vor meinem Auszug im Frühjahr 2022 aus dem gemeinsamen Haus besuchte ich erneut Hedda in Berlin-Charlottenburg. An jenem Tag fand eine Gruppenaufstellung statt, was bedeutete, dass mehrere Personen anwesend waren, von denen fünf ihr Thema aufstellten, während der Rest Stellvertreter bzw. teilnehmende Beobachter waren.

Niemand wird gezwungen, eine Stellvertretung zu übernehmen, wenn er oder sie das nicht möchte. Zunächst wird eine klare Absicht formuliert, was das Ziel der Aufstellung sein soll. Jede Aufstellung entwickelt sich dabei ganz dynamisch von alleine.

In den meisten meiner Aufstellungen vertrete ich die Intention, mehr Klarheit zu finden und das höchste und beste Wohl für mich und meine Kinder zu erreichen. Zu dieser Zeit war ich mir unsicher, wie es meinen Kindern mit der Trennung von Kevin und mir ergehen würde, und stellte daher prophylaktisch auf, um möglichen weiteren Verletzungen und Krisen vorzubeugen. Die Aufstellung nahm schließlich eine dramatische Wendung, als ich gezwungen wurde, der Wahrheit ins Auge zu blicken.

Zunächst wählte ich für mich eine Stellvertretung aus, dann für meine Kinder und Kevin. Nach einer Weile schnürte die Angst meine Kehle zu, und ich wollte am liebsten schreiend die Aufstellung beenden.

Aber Hedda, die Heldin unter den Aufstellern, führte mich geschickt durch meinen Schmerz und meine Angst hindurch. Nach einiger Zeit löste ich die Stellvertretung für mich ab und stand nun selbst in der Aufstellung.

Die Stellvertretung von Yanni stand links abseits von mir. Der schmerzhafte Moment kam, als die Wahrheit ans Licht kommen sollte: Ich hatte Yanni eigentlich nicht haben wollen. Nach meiner ersten Fehlgeburt war ich schnell wieder schwanger geworden, und Yanni war die Überraschung. Ich erinnere mich noch genau, wann und wo er gezeugt wurde.

Bei beiden Kindern weiß ich das ganz genau — es war jeweils der Geburtstag von Kevin und mir. Die Freude und das Glück mischten sich mit großer Unsicherheit und Furcht. Klar war für mich, dass ich alles tun würde, um dieses Kind nicht wieder zu verlieren, aber tief in mir war ich noch nicht bereit, ein Kind wirklich zu empfangen.

Die traumatische Erfahrung mit der ersten Fehlgeburt hatte in mir unbewusst einen Raum geöffnet, der meine Entscheidung prägte, jedes weitere Kind unter allen Umständen zu behalten. Diese Entscheidung war klar, aber sie brachte auch Konsequenzen mit sich, die ich nicht wahrhaben konnte.

In der Aufstellung jedoch war der Zeitpunkt gekommen, mir einzugestehen, dass ich Yanni zu einem Teil überhaupt nicht wollte und mich dafür verabscheute. Ein überwältigendes Gefühl des Hasses auf Yanni überkam mich, weil er *unwillkommenerweise* von uns gezeugt wurde.

Ich zitterte und explodierte förmlich in den Worten, die ich an die Stellvertretung von Yanni richtete: „Ich hasse dich, weil ich dich eigentlich gar nicht wollte. Ich wollte dich nicht. Es war der falsche Zeitpunkt, aber ich konnte nicht anders. Du warst bereits in meinem Bauch. Ich hätte dich nie wegmachen können."

Tränen liefen über mein Gesicht, ich krümmte mich vor Schmerz. Hedda wies mich an, wieder aufrecht zu stehen und nicht im Schmerz zu versinken: „Bleib aufrecht und atme."

Ich gab mich dem Schmerz hin und zerfloss, den Blick immer noch auf Yannis Stellvertretung gerichtet. Die Antwort der Stellvertretung kam ganz selbstverständlich, im gleichen Tonfall, wie es Yanni wohl auch getan hätte: „Ich weiß. Ich weiß, dass du mich nicht wolltest. Endlich gibst du es mal zu."

Perplex sah ich die Stellvertretung an. Ein winziger Hauch von Erleichterung konnte sich zwischen all den Schuld- und Schamgefühlen zeigen. Wir tauschten noch einige Worte aus.

Der letzte Satz, den ich sagte, war: „Nun sind wir Mutter und Sohn und machen das Beste daraus. Ich mute dir dein Schicksal zu." Diese Erfahrung, solch ein sensibles, intimes und wahrlich verpöntes Zugeständnis vor fremden Menschen zu machen, hat mich sehr viel Überwindung gekostet.

Wer gibt schon gerne zu, dass er das eigene Kind eigentlich nicht haben wollte, es aber dennoch tat, weil er keine andere Wahl sah, als es zu behalten? Allein aus dem Pflichtgefühl als Mutter. Ich kann jede einzelne Frau verstehen, die dies nie zugeben würde oder könnte.

Meine Mutter hat es auch nie wirklich ausgesprochen, aber ich habe es immer gespürt. Sie hatte sich sehnlichst einen Sohn gewünscht – für sich und vor allem für meinen Vater. Nach vier gesunden Töchtern und etlichen Abtreibungen, Fehlgeburten und einer Totgeburt sollte es nicht sein, dass meine Eltern einen Sohn bekommen.

Als sie mit mir schwanger war, erfuhr mein Vater, dass auch ich ein Mädchen sein würde. Doch er erzählte meiner Mutter das Gegenteil – und sie entschied sich, mich zu behalten. Mein Vater hatte meine Mutter überzeugt, mich zu bekommen. Ich wusste lange nicht, wie sehr diese eine Entscheidung mein ganzes Leben geprägt hatte.

In China war es nicht selbstverständlich, ein Mädchen zu behalten – nicht, als die Ein-Kind-Politik noch fest verankert war. Zu viele Mädchen wurden abgetrieben, ausgesetzt oder „verschwanden". Ein Sohn bedeutete Status, ein Sohn bedeutete Zukunft. Ich wurde in Deutschland geboren, aber die Prägungen meiner Eltern waren tief. Auch meine Mutter wollte einen Sohn. Ich war nicht das, was sie sich gewünscht hatte. Und trotzdem liebte sie mich. Trotzdem war ich ihr Kind.

Tief in uns wissen und spüren wir, ob wir wirklich gewollt waren oder nicht. Jede Schwangerschaft ist einzigartig, und zwischen einem totalen Wunschkind und einem völlig ungeplant gezeugten Kind liegt eine große Bandbreite an Nuancen, die tief in uns verankert sind.

Als Erwachsene können wir sie oft nicht wirklich zuordnen oder benennen, aber hin und wieder spüren wir diese Dynamik zwischen der Mutter und uns selbst.

In meinem Fall habe ich das Rampenlicht darauf scheinen lassen – mit einer nachhaltigen positiven Veränderung in der Beziehung zwischen Yanni und mir.

Die Wahrheit hat das Band unserer Mutter-Sohn-Beziehung so stark gefestigt und ein solides Fundament aufgebaut. Zuvor stand das Gerüst auf einem Fundament, das immer wieder zusammenbrach. Die Spannung zwischen Yanni und mir zog uns eher auseinander und schürte die Ablehnung in uns, weil die Wahrheit ihren Platz nicht fand.

Die Wahrheit, die diese Spannung umdrehte, wie wenn man die Magnetpole + und - zusammenlegt. Zuvor waren die Magnetpole + und +, die sich stets abgestoßen haben.

Die Wahrheit hat alle Spannungen aufgelöst. Yanni – seine Seele – wusste, auf welche Reise er sich begibt. Er hat uns, Kevin, mich und unsere Familien, auserwählt. Genau in dieser Konstellation wollte er seine Erfahrungen machen – genauso wie ich als Mutter.

Am Ende war er ein ungeplantes Kind, aber kein ungewolltes. *Dafür haben wir uns verabredet.*

Bei dieser Gelegenheit möchte ich auch kurz erwähnen, dass Yanni laut seiner Lebensaufgabe im Human Design System[1] die Qualität der Hingabe verkörpert, während ich den Wert der Wertschätzung repräsentiere. Wie passend ist das bitte schön? Er gibt sich seinem Schicksal hin, obwohl er anfangs als ungeplantes Kind kam. Und ich habe wiederum durch diese Erkenntnis und dieses Zugeständnis gelernt, mein eigenes Schicksal – und das von Yanni – zutiefst zu schätzen.

Das Schöne an der Aufstellung ist, dass die Kinder nicht direkt die Wahrheit aus meinem Mund hören mussten.

---

[1] Das Human Design System (HDS) ist ein psychologisches Beratungsinstrument. Es ist eine im Jahr 1987 geschaffene Synthese aus dem I-Ging, der Chakren-Lehre, Kabbala und Astrologie.

Meine Überwindung, dieses Zugeständnis mir selbst gegenüber zu machen, war das Allerwichtigste. Ich selbst musste es aussprechen, um es außerhalb meiner Gedanken gehört zu haben – ohne dafür verurteilt oder bewertet zu werden. Das alles geht auch ohne eine Aufstellung, wenn man die Selbstkontrolle beherrscht und weiß, wie man mit Schmerz umgeht.

Diese Erfahrung hat mir im Nachhinein gezeigt, dass es sich immer lohnt, für die Wahrheit durch den Schmerz zu gehen. Denn am Ende des Schmerzes wartet die Erlösung auf uns.

Ich bin der tiefen Überzeugung, dass die Wahrheit früher oder später immer gewinnt.

Bereits als Kind hat es sich für mich unangenehm angefühlt, wenn ich merkte, dass meine Eltern oder Schwestern nicht die ganze Wahrheit erzählten oder Dinge verschleiern wollten. Außerdem gehörte es sich nicht, die volle Wahrheit auszusprechen.

Daher dachte ich lange Zeit, dass dieses Verhalten nur in meiner Familie gäbe – bis ich herausfand,

dass es in nahezu jeder Familie auf der Welt vor-
kommt.

Meine Mutter hat mich oft mit einem: „Nach
so etwas fragt man nicht", unbefriedigt und peinlich berührt stehenlassen und mir oft ein schlechtes Gewissen gemacht, weil ich sie überhaupt gefragt hatte.

Trotz der Pein habe ich nie aufgehört zu fragen.
Ich habe nur aufgehört, *meine Familie* zu fragen.
Also suchte ich mir andere Menschen, die Antwor-
ten auf meine Fragen hatten. Viele Antworten und
Erkenntnisse fand ich in der Aufstellungsarbeit.
Nach jeder Aufstellung wirkte es in mir ziemlich
heftig nach, wie Nachwehen nach einer Geburt.

Das Positive daran ist, dass mich diese Erfahrungen immer mehr zu meinem inneren Kern
führten. Neben der unverarbeiteten ersten Fehlgeburt kam damals ungeplant Yanni in unser Leben.
Zwei Jahre später wurde ich ein drittes Mal ungeplant schwanger.

Damals waren wir bereits einige Monate selbstständig mit unserem Ladenlokal in Grevenbroich und hatten uns mehr recht als echt zusammengerauft, um den Alltag bestmöglich zu meistern.

Etwas über Gefühle

Yanni liegt in meinen Armen und schlummert friedlich ein. In meinem Kopf ratterte es, mein Bauch grummelte und meine Schultern konnten sich nicht zwischen Verspannung und Entspannung entscheiden.

Ich döste leicht vor mich hin, träumte wirre Sachen und nahm das leise Atmen von Yanni wahr. Diese innige Verbindung zwischen uns hat sich ganz natürlich entwickelt – trotz all der Krisen und schmerzhaften Momente, die wir gemeinsam erlebt haben. Überhaupt hat sich unsere Beziehung nach der Trennung von Kevin deutlich verändert: Sie ist leichter und entspannter geworden.

Yanni gibt mir von sich aus Küsschen und möchte, dass ich ihn in den Arm nehme.

Es gab jedoch Zeiten, in denen ich ihn fast täglich angeschrien habe. In besonders brisanten Momenten habe ich ihn sogar aus Wut geschüttelt. Wie zwei Blitze sind wir aufeinandergeprallt, und weil ich mehr Kraft hatte, bändigte ich ihn mit Gewalt. Meistens packte ich ihn am Kragen und warf ihn vor die Wohnungstür. In solchen Momenten sah ich keinen anderen Ausweg. Doch tief in mir wusste ich, dass das nicht die Lösung war.

Nach solch einem Vorfall grämte ich mich voller Schuldgefühle und suhlte mich in schlechtem Gewissen. Wenn sich die Gemüter bei uns beruhigt hatten, sprachen wir stets darüber, was passiert war. Ich wollte mich ändern und nahm mir vor, dass so etwas nicht mehr passieren sollte. Jedes Mal, wenn so etwas geschah und Gewalt im Spiel war, habe ich mit voller Aufrichtigkeit zugegeben, dass ich einen Fehler gemacht habe und dass niemand es verdient, so behandelt zu werden. Ich entschuldigte mich aufrichtig:

„Es tut mir sehr leid, dass ich meine Macht als Mutter und die Kraft als Erwachsene so ausgenutzt habe. Wisst ihr, ich weiß, dass es falsch ist, und ich weiß in dem Moment wirklich nicht, was ich tun soll. Ich bin selbst sehr wütend und habe keine Kontrolle über mich. Ich hasse mich selbst in solchen Momenten. Ich weiß nicht, wie ich mit euch umgehen soll, aber ich möchte es anders machen. Mama ist auch nur ein Mensch – ein Mensch, der viele Fehler macht und sich jeden Tag bemüht, es besser zu machen. Es tut mir leid, dass ich euch wehtue oder euch Angst einjage."

Meine Kinder nickten jedes Mal nach so einem Gespräch ganz selbstverständlich und gaben mir das Gefühl, dass ich auf dem richtigen Weg war. Die Spannungen zwischen uns dreien lösten sich von Tag zu Tag mehr, während ich innerlich immer mehr von all dem Groll, Selbsthass und den Vorwürfen an Kevin losließ. Wenn das Gefühl von Trauer in mir aufstieg, wandelte ich es oft unbewusst in Wut um. Diese Wut richtete ich auf die Kinder, wenn sie nicht auf mich hörten.

Doch auch dieses Verhalten bemerkte ich und entschied mich immer wieder neu, es zu ändern. Oft betete ich dafür:

Bitte, lieber Gott, zeige mir, wie ich mit meinen Gefühlen besser umgehen kann, ohne meine Kinder dafür verantwortlich zu machen. Bitte beschütze sie vor meinen Gefühlen — sie sind unschuldig. Zeige mir den höchsten und besten Weg für uns alle. Ich weiß, dass es möglich ist, alle Gefühle wahrzunehmen, ohne sich in ihnen zu verlieren, ohne sie gewaltsam auszudrücken, ohne anderen zu schaden.

Später, als ich bereits die leichte Anspannung des Genervt-Seins bemerkte, nahm ich mir einen Moment, ging in ein anderes Zimmer und atmete erst einmal durch.

Das funktionierte jedoch keinesfalls immer. Oft kam einer meiner Jungs in genau diesen Momenten herein und fragte nach etwas. Ich vermittelte ihnen immer, dass meine Wut nichts mit ihnen zu tun hatte, sondern mit mir selbst.

Da fällt mir glatt ein Disney-Pixar-Film ein, den ich wirklich jedem Elternteil empfehlen würde, mit ihren Kindern zu schauen. (*Und falls du keine Kinder hast, kann ich ihn dir ebenso empfehlen!*).

Es geht um den Film „Alles steht Kopf", in dem fünf Grundgefühle eines Kindes dargestellt werden: Freude, Kummer, Angst, Ekel und Wut.

Diese Gefühle sind niedliche Karikaturen, die in der Kommandozentrale (dem Gehirn) für das Verhalten des Kindes verantwortlich sind. Sie geraten immer wieder aneinander, sodass zum Beispiel Freude Kummer nicht erlaubt, das Ruder zu übernehmen.

Bei einer Diskussion landen Freude und Kummer schließlich gemeinsam im Langzeitgedächtnis, wodurch in der Kommandozentrale nur noch Wut, Angst und Ekel verbleiben. Irgendwann kehren Freude und Kummer zurück, und Freude überlässt Kummer die Steuerung. So kommt schließlich wieder alles ins Lot.

Die Darstellung zeigt aus meiner Sicht, dass jedes Gefühl völlig berechtigt ist und einfach dazugehört – und dass Freude und Kummer Hand in Hand zusammenarbeiten können und sogar müssen. Ich empfehle diesen Film daher, weil er mir und meinen Kindern sehr hilft, offen über unsere Gefühle zu sprechen, ohne verurteilt zu werden – auch dann nicht, wenn wir uns gerade traurig oder wütend fühlen. So war es an einem Nachmittag, dass ich voller Wut und Trauer in mir brodelnd nach Ruhe suchte und mich ins Wohnzimmer zurückzog. Meine Kinder wussten sofort, was los war, und kommentierten meinen Rückzug mit den Worten:

„Mama hat gerade Kummer, komm, lassen wir sie in Ruhe."

Nach einer knappen halben Stunde kam ich wieder aus dem Wohnzimmer und begann, das Abendessen vorzubereiten, während Chenni anmerkte:

„Mama ist wieder Freude!"

Dann schmiegte er sich an meinen Oberschenkel und flüsterte mir liebevoll zu:

„Mama, ich hab dich lieb."

In einer anderen Situation war ich diesem wunderbaren Disney-Film sehr dankbar: Eines Tages lief ich zu Fuß mit Chenni Richtung Kita. Auf der Straße, auf der wir gingen, gab es keinen richtigen Bürgersteig – nur kleine Grünflächen oder die Einfahrten der Häuser. Ein Transporter fuhr ziemlich schnell hinter uns auf und musste eine Vollbremsung hinlegen, als Chenni plötzlich die Seite wechselte und auf die Straße lief. Ich schrie panisch auf, den Blick auf den Fahrer gerichtet.

Im selben Moment packte ich Chenni am rechten Arm und zog ihn zu mir. Die Angst in mir entlud sich in vorwurfsvolle Worte. Während Chenni von meinen Vorwürfen regelrecht überschüttet wurde, fuhr der Transporter schnell an uns vorbei. Natürlich fühlte ich mich danach schrecklich – vor allem, als ich in die unschuldigen und erschrockenen Augen von Chenni blickte.

Er hatte das Auto selbst gar nicht gesehen. Stumm sah er mich an, was mich noch mehr zur Weißglut brachte. Zweifelsohne würde es jede Mutter in den Wahnsinn treiben, wenn ihr Kind plötzlich auf die Straße vor ein Auto läuft. Aber ein Kind nimmt seine Umgebung gewiss anders wahr als wir Erwachsene. Nachmittags beim Abholen entschuldigte ich mich bei Chenni, weil ich so heftig auf ihn reagiert hatte. Auf natürliche Weise antwortete er:

„Du warst halt Wut, Mama. Ich hatte einfach ein bisschen Angst vor dir.""

Nach der Scheidung - Etwas übers Trauern

Wann hört die Trauerphase endlich auf?

17. März 2024

Es ist ein grauer Sonntagnachmittag in Berlin. Zeit, meine Kinder abzuholen.

Bei McDonald's läuft Yanni mir zum ersten Mal freudig in die Arme. Menschen rechts und links lächeln uns zu, sichtlich gerührt von der Szene. Sonst ist es immer Chenni, der mir als Erster in die Arme läuft, gefolgt von einem trockenen ‚Hallo' von Yanni.

Aber heute ist alles anders. Ich freue mich, meine Jungs zu sehen, doch als ich Kevin sehe, kann ich ihm nicht in die Augen sehen. Glücklicherweise schaut er die ganze Zeit auf sein Handy. Auch als wir Richtung Bahnsteig gehen, bleibt sein Blick gesenkt.

Mir ist es unangenehm, mich zu verabschieden, weil mich die Situation immer noch so traurig macht. *Warum bin ich eigentlich wieder so traurig,* denke ich genervt. Die Kinder verabschieden sich von Kevin, und wir laufen zu dritt in Richtung unseres Bahnsteigs. Ich schiebe die Traurigkeit beiseite und nehme mir vor, später genauer hinzuschauen. Doch im Zug beginne ich bereits zu analysieren. Ganz sachlich rede ich mit mir selbst:

So, Yin. Du hast doch jeden Tag gebetet, dass es deinen Kindern gut geht und sich alles zum Besten entwickelt – für dich, Kevin und die Kinder. Und schau: Deinen Kindern geht es gut! Yanni ist dir heute sogar freudig entgegengelaufen. Kevin bleibt wie immer, und **du** *machst sowieso das Beste draus. Also: Chakka!*

Aber mein Körper spricht eine andere Sprache. Mein Hals ist zugeschnürt, und jeder Schluck tut weh. Am nächsten Morgen spaziere ich durch den Wald und habe eigentlich keine große Lust dazu. Nach den ersten Metern im Wald werde ich aufmerksam.

Okay, gestern Abend waren wir zu sehr abgelenkt und müde. Jetzt schauen wir uns das Ganze doch mal in Ruhe an. Also, was möchte mir mein Halsweh alles Schönes mitteilen?

Die Situation vom Vortag am Bahnhof taucht vor meinem inneren Auge auf: Kevin mit dem Handy in der Hand. Ich spüre seine Präsenz, und plötzlich wird es laut in meinem Kopf: *Ich habe versagt, eine Familie zu führen.*

Ich habe versagt, eine Beziehung gesund zu halten. Ich bin unfähig dazu ... Tränen überströmen schlagartig mein Gesicht. Ich halte inne, bleibe stehen und schließe die Augen. Ich fühle mich sicher und lasse meinen Gefühlen freien Lauf. Minuten vergehen, und die Trauer lässt allmählich nach. In meinem Kopf wird es leiser. Der Druck in meinem Hals ist wie weggezaubert; nur eine leichte Spur ist noch vorhanden. Ich bin müde.

Zuhause angekommen, lege ich mich auf die Couch und erinnere mich plötzlich an unsere erste Zeit als Paar. Wie in einem alten Diafilm sehe ich Ausschnitte unserer Verliebtheitsphase. Es gab diese kleinen Momente, in denen die Liebe zwischen uns ungehindert fließen konnte. In denen ich die Sanftheit und Schönheit in Kevin erkannte und wusste, warum ich alles auf mich hatte nehmen wollen, um diese Beziehung zu erhalten. Doch als die Wut schließlich meine Trauer überschattete, war ich nicht mehr in der Lage, das Gute und die schönen Momente zu sehen.

Alle Erinnerungen hatten sich verfärbt. Egal, wer im Außen etwas dazu kommentierte, die Erinnerungen blieben fad. Hass überlagerte die Wut. Auf der einen Seite waren da meine Söhne, die ich über alles liebe, und auf der anderen Seite ein Mann, den ich so sehr verabscheute wie der Teufel das Weihwasser. Ich wünschte mir oft den Tod für ihn (*Ja, das sind brutale Gedanken, aber sie waren da, und die Rachegedanken waren nur allzu präsent*). Vor lauter Wut und Schmerz hatte ich Kevin in Wahrheit nur noch mehr an mich gebunden. Groll und Hass binden genauso stark wie Liebe und Mitgefühl. Also fragte ich mich immer wieder: Wie wollte ich es haben? *Mit Verständnis und Mitgefühl*, kam schließlich die leise, aber klare Antwort aus meinem Inneren.

Ich: *Klar, nach all dem, was er mir angetan hat? Niemals! Er soll verrecken und am besten dahin zurück, wo er hergekommen ist.*

Innere Stimme: *Nun, diese Runde haben wir doch schon mehrfach gedreht …*

Ich: *Ach, lass mich doch in Ruhe.*

Innere Stimme: *Du hast gefragt.*

Ich: *Ja, und immer dieselbe Scheiße! Mit Mitgefühl und Verständnis … blablabla. Wer hat das denn mit mir, bitte schön? Wer kümmert sich denn um mich? Und wer …?*

Ich halte bewusst inne. Dieser innere Dialog wiederholt sich schon wieder. Ich atme tief ein … und aus. Dann kommen mir die Worte von Hedda in den Sinn – Worte, die sie mir einst während einer Aufstellung sagte:

"Sei gut zu dir. Du hast damals das Beste getan, was du konntest, mit dem Wissen, das du hattest. Hab Mitgefühl und Verständnis für dich. Und vor allem: Vergib dir selbst."

Währenddessen spielt mein innerer Diafilm weiter verschiedene Szenen ab. Plötzlich taucht unverhofft ein Gespräch mit Christian Zech auf – meinem damaligen Mentor und Aufstellungsmeister, insbesondere in Bezug auf die Augen.

Ich sehe mich selbst, schnaubend und genervt, wie ich zu Christian sage:

„Nichts hat zwischen uns gepasst."

Christian antwortete ruhig:

„Das wird so wohl nicht stimmen. Dafür kenne ich dich zu gut – als kluge und intelligente Frau, die zwei Kinder mit ihm hat. Irgendetwas hat gepasst. Spür da mal rein."

Innerlich brodele ich. Am liebsten würde ich ihm an die Gurgel gehen. Seine Aussage trifft mich – damals wie heute. Jetzt, während ich auf der Couch liege und meinen Diafilm weiter gespannt verfolge, spüre ich erneut die Wirkung seiner Worte.

Gut, denke ich, *jetzt ist wohl der Zeitpunkt gekommen, ehrlich hineinzuspüren.*

Und dann wird mir klar, was gepasst hat:

- *Die Unerfahrenheit*

- *Das Alter*

- *Die Wurzeln*

- *Der Beruf*

- *Dass wir Männlein und Weiblein sind*

- *Der Sex. Mehr nicht. Das hat gepasst.*

Die Wut weicht allmählich aus mir. Ich kann nicht alles schlecht reden, was war – obwohl es schreckliche, unglückliche Ehejahre waren. Unsere Kinder sind der beste Beweis dafür, dass nicht alles schlecht war. Dann merke ich, wie ganz sanft Tränen hinter meinen Ohren herunterlaufen. *Das ist doch eine ganze Menge, was gepasst hat,* höre ich mich selbst denken.

Mein innerer Diafilm läuft weiter und zeigt mir intime Momente mit Kevin. Ich spüre die Intensität, wie es einmal war, tief in mir nach.

All das hatte ich verdrängt und war nicht in der Lage, es zu sehen. Zutiefst dankbar und demütig weine ich heftiger. Kevin hat mich tatsächlich einmal geliebt. Klar, kann man sich jetzt denken: Wir waren ja immerhin ein paar Jahre zusammen und haben gemeinsame Kinder. Aber in der Krisen- und Trennungsphase ist einem das nicht mehr bewusst. Wie bereits erwähnt, hatten die Gefühle von Wut und Traurigkeit mich wie ein Schutzpanzer umhüllt. Doch jetzt bin ich bereit, die nächste Schicht der Traurigkeit zu fühlen – gefolgt von all den Erkenntnissen. Langsam verschwimmt mein innerer Diafilm, und ich liege selig da. Es war alles richtig.

Am nächsten Tag sind meine Halsschmerzen verschwunden. Mein Fazit und die Antwort auf die eingangs gestellter Frage: Trauer kommt und geht wie in Wellen. Wann die Trauerphase endgültig vorbei ist, entscheidet mein Körper. Bewusstes Trauern hat mir geholfen, die Trennung gesund und auf eine sehr natürliche Art zu verarbeiten.

KAPITEL 10

2. April 2024 Im Zug auf dem Weg nach Neuss zu meiner dritten Schwester Chunxue

Irgendwo auf der Strecke von Berlin nach Neuss braut sich ein Gefühlscocktail in mir zusammen. Ich fühle mich genervt und weiß nicht so recht, wohin mit mir. Wir haben den ICE mit den Sitzplatzreservierungen verpasst und nehmen den nächsten ICE nach Düsseldorf.

Meine Kinder ergattern sich jeweils einen Platz, während ich mich zwischen die Koffer in der Gepäckablage auf den Boden setze. Sie beschäftigen sich prima alleine, und ich beginne, die folgenden Zeilen niederzuschreiben – in der Hoffnung, wieder mehr Klarheit und Ruhe in mir zu finden:

Worum geht es hier wirklich? Einen Krieg anzetteln ist recht einfach. Wir (meine Anwältin und ich) könnten noch einmal vor Gericht gehen und um das Aufenthaltsbestimmungsrecht kämpfen. Damals habe ich das nicht gemacht, weil es mir zu anstrengend war und ich eingesehen hatte, dass ich nicht das Recht hatte, den Kindern den Vater zu nehmen. In meinen Augen hat er als Vater versagt, aber in den Augen meiner Kinder ist er einfach der Papa. Also, worum geht es hier wirklich? Um mich. Ich bin wieder voller Enttäuschung, weil ich mich nicht auf seine Aussagen verlassen konnte. Was könnte hier die Lösung sein? Hingabe? Annahme? Akzeptanz? Solange die Kinder noch klein sind? Wo geht es hier lang? Warum reißt mich das so sehr aus der Bahn? Also, teilweise … vor allem dann, wenn die ganze Geschichte wieder hochgespült wird.

Ich hatte meine Gedanken zu meiner Situation mit Kevin in Sprachnachrichten mit einer Freundin ausgetauscht – meine Geschichte verärgerte sie. Irgendwann begann ich zu weinen und fühlte mich richtig mies. Auch beim Schreiben dieses Buches wird mir allmählich klar, was ich alles durchgemacht habe – wie oft meine Grenzen überschritten wurden (und die von Kevin selbstverständlich auch).

Und trotzdem wollte ich eine freundschaftliche Basis, die von Kevin mit Manipulation, Verachtung oder Neid beantwortet wurde. Die vereinbarten Termine werden nie so eingehalten, wie sie ursprünglich abgesprochen worden sind. Nach Lust und Laune werden die Kinder abgeholt und gebracht. Keine Wertschätzung, keine Dankbarkeit, keine Anerkennung. Das sollte mir doch nach der Scheidung mehr als klar sein! Aber ich trage immer noch die Hoffnung in mir. Ich ringe mit mir selbst und kann die Tatsache nicht akzeptieren, dass ein Mensch so sein kann.

Am Ende ist so viel Schlimmes passiert und ich habe mich für den Frieden entschieden. Er aber nicht. Und das ist sein gutes Recht. Er kann nicht anders. Es geht auch nicht mehr um ihn. Ich möchte herausfinden, warum es mich so herausreißt. Ich möchte wissen, warum ich so voller Wut und Zorn bin. Wahrscheinlich, weil das eine ganz natürliche Reaktion ist. Da gibt es keine grundlegende Ursache. Vereinbarte Termine kurzfristig und viele Male zu verschieben, ist anstrengend. Es ist das Einzige, wodurch er noch eine Verbindung mit mir hat: die gemeinsamen Kinder. Er kann einfach nicht anders und will auch nicht anders. Das muss mir klar sein. Jedes Mal, wenn ich loslasse und wirklich nichts erwarte, dann passiert eine Bewegung, aber das ist mir zu blöd. Er ist doch immerhin der Vater! Aber an was hänge ich mich da eigentlich auf? Woher kommt diese absurde Erwartung an ihn, nachdem er uns bereits so oft hängen gelassen hat? Er sieht sich nicht wirklich als Vater.

Okay, Stopp! Es dreht sich gerade nur um ihn. Jetzt drehen wir das Ganze und kommen komplett zu mir.

Ich fühle mich völlig hin und her geschleudert. Nicht ernstgenommen. Mit mir kann man es machen. So ist es. Aha ... mit mir kann man ja alles machen, was man will.

Ich fühle Wut und Zorn. Verletzung, große Verletzung.

Ja super, Vergebung ist die Antwort. Es ist immer wieder das Gleiche: Vergebung, Vergebung, Vergebung. Ich bin immer noch verletzt, aber klar, als Alleinerziehende ist das auch völlig nachvollziehbar. Ich bin überbelastet von all den vergangenen Geschehnissen. Harter Tobak. Ich bin nicht verrückt. Er ist einfach nicht normal!!!

Ekel, großer Ekel. Seinen Umgang mit den Kindern finde ich ekelhaft. Er hat sie mal geschlagen, warum sagt da keiner etwas? Das ist so, als wäre nichts passiert. Ich würde ihn sehr gern abstechen. Foltern. Wie oft habe ich mir zutiefst gewünscht, dass er einfach stirbt. Ich möchte ihn jahrelang mehrfach verklagen und sein Leben zur Hölle machen. Ihn abschieben lassen ... Aber am Ende bringt das eh nichts. Ändern tut er sich so oder so nicht. Diese Akzeptanz zu kultivieren, ist eine hohe Kunst. Am Ende weiß ich nicht, was zu tun ist. Ich lasse mich führen.

Wenn ich bereits das Allerschlimmste hinter mir habe, dann kann mich doch gar nichts mehr aus der Fassung bringen, oder? Nun, irgendwie schon. Er kann nicht anders, oder er zeigt einem ganz klar, wie wichtig die Familie für ihn ist, und bestätigt wieder, was ich im Grunde bereits weiß. Woher kommt aber die Erwartungshaltung? Und Schwupps, geht es schon wieder um ihn. Kommt sie aus der Gewohnheit? Vielleicht.

Erwartung … er wartet … ich warte. Ich wähle Geduld. Das macht alles runder. Geschmeidiger. Geduld. Ich gehe hin und dulde es. Ach, geht mir das alles auf den Sack.

Wut und Frustration rollen in mir wie eine Lawine den Berg herunter. Und Bumms, kommt eine Durchsage:

„Sehr geehrte Fahrgäste, wir werden in Löhne einen ungeplanten Stopp machen, da sich hinter Bielefeld ein Personenunfall ergeben hat. Wir werden wahrscheinlich nach Hagen umleiten. Ich bitte Sie um etwas Geduld. Entschuldigung."

Kaum ist die Durchsage beendet, sage ich zu meinen Kindern:

„Da ist jemand vor den Zug gesprungen."

Tränen steigen in meinen Augen auf und ich erinnere mich, dass ich auch mal gedanklich vor den Zug gesprungen bin. Mehrmals. Doch jetzt sitze ich hier auf dem Boden des ICEs und schaue in die unschuldigen Augen meiner Kinder. Gott sei Dank, dass ich das nicht wirklich getan habe. Der Gedanke an den Tod schüttelt mich wach und die Wut weicht von mir. *Es lohnt sich nicht, wütend auf ihn zu sein. Ich entscheide, wer mich ärgert. Punkt.*

Die Kinder möchten wissen, wer vor den Zug gesprungen ist. Chenni will es sogar sehen und besteht darauf, es dann noch zu fotografieren. Durch die Neugierde und kindliche Unschuld lächle ich durch meine Tränen und kichere ein wenig vor mich hin.

Du bist mit deinen Kindern zusammen und unterwegs zu deiner Schwester. Ihr seid in Sicherheit. Es geht um dich. Du sitzt in einem ICE und hast einen Laptop auf den Knien, deine Kinder sind gesund und du bist es auch, flüstert mir mein Herz klar und sanft zu.

*Es lohnt sich wirklich nicht, noch irgendwelche Wutge-
danken an Kevin zu verschwenden. Ich bin doch kein Wie-
derkäuer! Danke, Tod, dass du mich daran erinnerst, wie
wertvoll es ist, zu leben.*

Im selben Moment erinnere ich mich an einen
ähnlichen Vorfall in der Regionalbahn damals von
Berlin Richtung Michendorf. Dort bekam ein älte-
rer kräftiger Herr einen Schlaganfall mitten auf der
Fahrt. Da ich mich viel mit Seelenarbeit beschäftigt hatte, konnte ich wahrnehmen, wie die Seele
des Mannes aus seinem Körper wich und Richtung
Licht steuerte. So stellte ich mir gedanklich vor,
wie auch dieser Mensch, der sich für das Licht entschied und den Körper verlässt, ins Licht geht.
Gott segne ihn.

Später sitzt Chenni neben einem älteren Herrn
und unterhält sich mit ihm für ein paar Minuten.
Er fragt den älteren Herrn, wie er heißt, in welchen
Ländern er mal war und wo er noch hinmöchte.
Megasüß … herrlich. Was für tolle Jungs ich doch habe!

Danke an mich und meine Kinder, dass ich immer wieder das Leben gewählt habe, auch wenn ich oft dran gedacht habe, all diese Anstrengung einmalig zu beenden. Das wäre der einfache Weg gewesen – für den ich nicht gemacht bin!

20:45 in Neuss angekommen

Meine Schwester holt uns vom Neusser Bahnhof ab. Ich freue mich und bin gleichzeitig etwas aufgeregt, was alles auf mich zukommen wird. Meine Jungs laufen in die offenen Arme meiner Schwester. Ein etwas gestelltes: „Hallo, San Yi

(三姨 - dritte Tante)", kommt aus den Mündern

meiner Jungs heraus. Wir kommen auf dem Parkplatz an, steigen ins Auto und fahren los. Später, als die Jungs eingeschlafen sind, schleiche ich mich ins Nebenzimmer und beginne, meine Gedanken wieder niederzutippen:

Ich fühle mich elend.

Jedes Mal, wenn ich eine meiner Schwestern besuche, kommt dieses Gefühl des Ekels, der Übelkeit und der Wertlosigkeit in mir hoch. Sie haben es wirklich geschafft. Ich frage meine Schwester, wie viel sie für das Reihenmittelhaus bezahlt hat, in dem sie jetzt wohnt – sie antwortet nicht. Mir kommt der Gedanke, dass ich über 150.000€ Schulden bei ihr habe. Meine Schwestern sind mächtig und überlegen im Vergleich zu mir.

Da haben wir es schon wieder ... Der Vergleich ist des Glückes Tod. Und es passiert einfach so automatisch. Ich fühle mich wie ein Versager.

Ich hänge zwischen zwei Welten: *„Ich zeig es euch allen!"*, und *„Ihr werdet schon sehen, wenn eure Kinder Kinder bekommen – dann wird die Kacke am Dampfen sein."* Bösartige, rachsüchtige Gedanken huschen mir durch den Kopf.

Ich hoffe, dass ihre Traumata irgendwann an die Oberfläche kommen und ihnen so richtig den Boden unter den Füßen wegziehen. Ich will, dass sie leiden. Und andererseits ist es mir egal.

Es fühlt sich sehr kindlich an. Ja, ich habe eine ziemlich kindliche Spur in mir, die immer wieder abgewertet wird. Bin ich zu emotional, wird es als zu kindisch abgestempelt. Bin ich zu direkt, bin ich zu deutsch und habe keine Manieren. Ja, da kommen die Wunden und Prägungen hoch, die immer noch schmerzhaft sind. Die Verurteilungen der Familie – sind sie je zu toppen? Im Kreis meiner Familie fühle ich mich als einzige kindisch-emotionale Person. Nicht zu viel reden, nicht zu viel fragen, einfach stumm sein und freundlich nicken. Meine Worte erreichen sie sowieso nicht. Sie sind in ihrer Welt, und ich in meiner. Ich höre mir selbst in Gedanken zu:

Ich hasse es. Warum mache ich das hier? Keine Ahnung, weil ich mich annähern möchte. Ich sage gar nichts, ich schütze mich selbst. Es gibt sonst keine andere Wahl. Freundlich nicken und oberflächlich sein. Dein Inneres versteht kein Mensch, nicht mal du verstehst dich. Also lass das Gefühl der Bedürftigkeit einfach da und sei für dich selbst da. Der Neid ist in mir. Der Hass ist in mir.

Wenn es nach meinen Schwestern geht, ist es doch scheiß-egal, wann er (Kevin) die Kinder nimmt. Sie würden es mir wie folgt sagen: „Yin, du hast dich getrennt und die Kinder behalten. Er zahlt, also kann er doch frei entscheiden. Was willst du denn noch erwarten? In der Ehe konntest du ja schon nicht mal etwas erwarten, warum sollte sich, nachdem ihr geschieden seid, etwas verändern? Du gehst da viel zu emotional ran. Kinder sind sachlich zu betrachten. Lebewesen, die sowieso irgendwie groß werden. Familienverbindungen sind egal. Er ist jetzt wieder ein Fremder. Einander verstehen … Nun, wozu, wenn ihr euch getrennt habt? Du brauchst keinerlei Freundlichkeiten anwenden. Das ist viel zu gefühlsduselig. Und wenn du klagst, haste wohl einfach zu wenig zu tun. "

Das ist einfach eine Sache, die mich auf Trab hält. Also muss ich loslassen und diese Verantwortung voll und ganz annehmen und akzeptieren. Es wird sich später auszahlen, wenn die Kinder groß werden.

Ich gehöre so oder so dazu. Meine Schwester hat mir geholfen, und damit ist ihre Pflicht getan als Schwester. Ich fokussiere mich auf mich.

Ihre Idee, wieder nach Berlin umzuziehen, ist ja nur ihre Idee, ich muss sie doch nicht gleich sofort umsetzen. Sie meint es nur gut. Sie kann sich das ja nicht vorstellen: alleine mit zwei Kindern zu sein. Das war sie wahrscheinlich nie.

Und wer weiß, vielleicht fragt mich irgendjemand in den nächsten Jahren nach Unterstützung, aber ich erhoffe es mir nicht und erwarte es auch nicht mehr.

Ich spüre den Neid und integriere ihn, lasse ihn einfach da sein. Ja, ich bin der Neid. Ja, ich bin neidisch. Ja, ich habe mein Schicksal selbst gewählt. Ja, ich habe nicht so viel Geld wie meine Schwestern, und das macht mich traurig und wertlos. Jeder hat das gedacht: O mein Gott, was für ein hässlicher Kerl. Und jeder hat gehofft, dass es die eigene Tochter nicht so erwischt. Das ist menschlich. Jeder denkt das. Wir sind Herdentiere. Auch ich bin froh, dass meine Söhne gesund sind und keine autistischen Veranlagungen haben wie meine Neffen. Sie sind auch Teil der Familie und wertvoll. Wir alle sehen das und den Schmerz, den wir in uns tragen, aber keiner redet darüber.

Am nächsten Morgen, 3. April 2024

Da bin ich im Kleine-Schwester-Modus und vergesse, meinem jüngeren Sohn Windeln mitzunehmen bzw. ihm welche anzuziehen. Es ist erstaunlich, wie sich das System auf einmal schlagartig an früher anpasst, obwohl ich mittlerweile schon fast 10 Jahre Mutter bin. Das ganze Bett ist nass geworden, und ich schäme mich dafür.

Das teure Boxspringbett, ruiniert wegen mir ... Okay, jetzt reicht es mit dem Selbstmitleid!

Bei meiner Yoga-Praxis erinnere ich mich an meine Stärke und weiß um meine Wahrheit.

Ich kenne meine Wahrheit. Ich bin die Königin in meinem Leben. Ich bin unantastbar. Ich vertraue mir. Ich vertraue meinem Leben. Ich vertraue meinem Weg.

Ich bemerke, dass ich wieder langsam in meine Kraft komme.

Ich bin ganz bei mir. Ich bin angekommen. Ich bin.

Es ist nie so, wie die Dinge sind; sie sind so, wie *ich* sie sehe. Ja, wenn du denkst, du bist erleuchtet bzw. in dir angekommen, dann verbringe eine Woche oder nur wenige Tage mit deiner Ursprungsfamilie und schau, was passiert. Die erste Nacht habe ich irgendwie schon hinter mich gebracht.

Am Abend des 3. Aprils 2024 - das Drama geht weiter

Bin ich wirklich so blauäugig, dass ich das Schmutzige und Schlechte nicht sehen will oder nicht sehen kann? Liegt es daran, dass ich zwei Söhne mit ihm habe?

Ich sitze wieder im Arbeitszimmer und tippe meine Gedanken nieder, nachdem ich mit meiner Schwester über meine Ehe gesprochen habe. Das Gespräch verlief wie üblich: Kevin – der Täter, ich – das Opfer, meine Familie – die Hellseher-Helden, die mich vorher schon mehrmals gewarnt hatten.

Meine zwei Söhne … Beide grundverschieden, aber unzertrennlich. Wie Salz und Pfeffer.

In Yanni erkenne ich mich sehr oft selbst, eine Mini-Version von mir in männlicher Form, rein äußerlich wie Kevin. Bei Chenni genau andersherum: charakterlich wie Kevin und das Gesicht von mir. In vielen Situationen sehe ich Kevin in ihm und stelle mir vor, wie er damals nicht die Liebe bzw. das Verständnis für ein Kleinkind erhalten hat, das es gebraucht hätte. Wutanfälle werden getadelt oder mit beschämenden Worten weggeredet. Tränen werden mit Worten wie: „Ein Indianer kennt keinen Schmerz", (obwohl der Satz im Chinesischen so wortwörtlich nicht auftaucht) oder: „Du bist doch schon so groß, da weint man nicht mehr", (was der allerhöchste Bullshit auf Erden ist) kommentiert.

Mit dem Einfühlungsvermögen wird sparsam umgegangen. Über Gefühle zu reden, kannte man damals nicht. All das fehlte auch bei mir. Keine Ahnung, woran es liegt, aber es tut mir echt weh, wenn ich mir das jetzt vorstelle.

Gleichzeitig kann ich es jetzt selbst als Mutter zutiefst nachvollziehen. Diese Geduld und Selbstkontrolle über die eigenen Gefühle ist eine Höchstleistung. Ganz am Anfang meiner Mutterschaft war ich sehr überfordert.

Yanni war, wie bereits im vorherigen Kapitel erwähnt ein absolutes Schreikind – eines, das supersensibel auf sein Umfeld reagierte. Durch die Hilflosigkeit wurde ich aggressiv und depressiv zugleich.

Das Trauma meiner ersten Fehlgeburt war noch nicht überwunden und hatte von Anfang an zwischen Kevin und mir gestanden. Auch wenn Yanni nun auf der Welt war und das Ereignis dadurch in den Hintergrund trat, blieb ein unsichtbarer Keil zwischen uns, genährt von den unausgesprochenen Gedanken über die Fehlgeburt. Ich hatte nie wirklich versucht, seine Ansicht oder seine Beschuldigungen zu verstehen.

Es war aber eine bekannte Gewohnheit, die ich auch von zuhause mit meiner Familie kannte.

Wenn ich etwas falsch gemacht hatte oder etwas Schlimmes passiert war, bekam ich eher Kritik, Abmahnungen und eine Strafe. Keine Spur von Verständnis, Mitgefühl und Aufklärung. Dadurch entwickelte ich selbst eine dicke Panzerschicht um mich herum und eine *Ihr-könnt-mich-alle-mal*-Einstellung. Selbst wenn es eine logische und gutgemeinte Vorwarnung war, lenkte ich mit dieser Einstellung dagegen. Selbstverständlich kannte ich auch die andere Seite – die völlige Anpassungsfähigkeit. Keines der beiden Extreme ist gesund.

Rückblickend kommt es mir so vor, dass viele Entscheidungen im Turbogang getroffen wurden. So wie es die Tradition wollte, sollten Kevin und ich *so schnell wie möglich* heiraten. Mein Einwand, erstmal nur standesamtlich zu heiraten, wurde abgelehnt. Wenn schon, denn schon richtig groß – mit über 200 Gästen. Gleichzeitig kündigten wir unsere Jobs im Hotel. Wir hatten keinen konkreten Plan – nur eine gemeinsame Vorstellung davon, wie unsere Zukunft aussehen sollte.

Besser bezahlte Jobs, ein stabiles Leben, eine Familie, die Schritt für Schritt zusammenwächst. Die Realität sah anders aus, aber damals glaubten wir daran. Unsere Beziehung war noch alles andere als gefestigt, aber in unseren Köpfen hatten wir bereits ein Fundament gebaut. Illusionen von Sicherheit, Wachstum und einem neuen Kapitel – ohne zu wissen, ob wir wirklich darauf vorbereitet waren.

Doch wir wollten raus aus der Hotellerie, raus aus der Schichtarbeit und rein in eine Zukunft, die uns mehr versprach. Also stürzten wir uns hinein – in die Hoffnung, dass wir es gemeinsam schaffen würden. Da ich mich nur mit einem Arbeitsvisum in China aufhalten konnte, hatte ich nach der Kündigung noch drei Monate Zeit, ein neues Visum zu beantragen. Und dafür brauchte ich auch einen neuen Job.

Gedanklich sind wir hier wieder im Jahr 2013. Es war eine Zeit voller Umbrüche – die Hochzeit stand bevor, Kevin und ich waren auf Jobsuche, und gleichzeitig kämpfte ich mit meiner ersten Schwangerschaft.

Zu dieser Zeit besuchten mich Max und Regina. Regina war eine alte Arbeitskollegin aus der Schweiz, die mit ihrem Freund eine Asien-Tour machte und mich dabei besuchen wollte. In dem ganzen Tumult – von der Hochzeitsplanung über die Jobsuche bis hin zum Besuch von Regina – stand mir alles bis zum Hals. Dazu absolvierte ich einen Online-Kurs, um qualifizierte Englischlehrerin für Kleinkinder zu werden.

Jeden Abend gab es einen Test, den ich bestehen musste. Der Druck, der damals entstand, war enorm. Ich fühlte mich alles andere als gut und erfüllt. Wir lebten zu dieser Zeit bei Kevins Mutter in einer winzigen 40-Quadratmeter-Wohnung mit zwei Zimmern. Der Kontrast zwischen unserem vorherigen Leben in einem 5-Sterne-Hotelzimmer und dieser neuen Realität war ein ziemlicher Schock. Aber ich redete mir ein, dass es schon gut gehen würde – schließlich war ich ja mit meinem *Traumprinzen* (oder sollte ich eher „Höllenprinzen" sagen?) zusammen. Alles in mir rebellierte, aber ich hielt durch.

Bei der Hochzeitsplanung und der Suche nach einem passenden Raum für die Feier waren wir gestresst bis zum Geht-nicht-mehr. Zum Glück war mir nicht übel – aber wohl fühlte ich mich trotzdem nicht.

Mitten in diesem Trubel kamen dann Regina und Max für ein paar Tage nach Wenzhou. Wir machten eine Wandertour in den Bergen – eine wunderschöne, aber auch herausfordernde Erfahrung. Meine Mutter und Kevins Mutter rieten mir aufgrund der Schwangerschaft davon ab, aber ich dachte mir nur: *"Ich bin schwanger, nicht krank!"*

Doch nur wenige Tage nach der Wanderung bekam ich Blutungen. Plötzlich wurde mir bewusst, dass ich vielleicht doch nicht so unverwundbar war, wie ich dachte. Kevin und ich fuhren ins Krankenhaus, wo ich kaum ein Wort der Ärztin verstand. Sie verschrieb mir Medikamente, die ich nehmen sollte, aber das kam für mich nicht infrage. *Medikamente in der Schwangerschaft?* Das fühlte sich einfach falsch an.

Hier begann die erste echte Krise zwischen Kevin und mir. Ich erkannte, dass er mir nicht immer helfen konnte – dass er sich genauso hilflos fühlte wie ich. Als Vater in spe musste er mir vertrauen und darauf hoffen, dass ich die richtigen Entscheidungen traf. Das Kind gehört beiden, aber die Frau trägt es aus. Doch darf sie deshalb allein darüber entscheiden, was mit dem Kind passiert?

Eines ist sicher: Ohne klare Kommunikation, tiefes Verständnis und echtes Mitgefühl füreinander wird es schwierig. Ich hatte immense Angst und fühlte mich alles andere als wohl. Alles ging viel zu schnell vonstatten, doch kommunizieren konnte ich es nicht. Innerlich herrschte ein Sturm der Gefühle, wobei ich einfach nur an mich dachte – weder an Kevin noch an das heranwachsende Kind. Ich war nicht imstande, mich in den Griff zu bekommen. Meine Sturheit führte dazu, die Medikamente liegen zu lassen und mich einfach körperlich auszuruhen.

Ich weiß nicht, ob die Medikamente das Kind gerettet hätten. Jahre später, als ich mich auf meine spirituelle Reise begab, googelte ich, was eine Fehlgeburt aus spiritueller Sicht bedeuten könnte: *falscher Zeitpunkt, karmisches Schicksal usw.* Beide Ansichten sagten mir zu. Später erfuhr ich, dass Abtreibungen, Tod- und Fehlgeburten im Familiensystem mehrmals auftreten, wenn sie immer wieder unter den Teppich gekehrt werden. Ein Tabuthema, das sich bis heute im 21. Jahrhundert hält, aber sich erfreulicherweise langsam verändert.

Nach der Fehlgeburt war ich traumatisiert und erleichtert zugleich. Mir wurde damals nicht bewusst, welchen Schritt ich eigentlich hätte tun müssen, um all das Drama verhindern zu können. Die Hochzeit hätte nicht stattfinden dürfen, Kevin und ich hätten eine Auszeit nehmen müssen, um in Ruhe über alles nochmals reden zu können. Aber dem war nicht so. Aus Kevins Sicht hatte ich sein Vertrauen zu diesem Zeitpunkt wahrscheinlich bereits teilweise verloren.

Ich hatte nicht auf ihn gehört und die Medikamente genommen, ich war trotz seiner Warnung wandern gegangen. Den Verlust unseres ersten Kindes konnte er mit mir nicht wirklich kommunizieren. Zu groß war der Schmerz und zu klein das Verständnis. Selbst nach Yannis Geburt konnten wir nicht darüber sprechen. Ich brach jedes Mal in Tränen aus, denn ich war mir meiner Verantwortung bewusst – und dabei blieb es auch. Selbst zu dem Zeitpunkt wusste ich irgendwie, dass diese Beziehung sehr schwer sein wird, wenn nur ich die Verantwortung auf mich nehme.

Das Thema Fehlgeburt kam drei Jahre später (2016) nach dem ersten Vorfall wieder, und ich verlor zum zweiten Mal ein Kind. Dieses Mal in Deutschland. Es war mein zweiter Vorsorgetermin. Ich war in der achten Woche schwanger, doch als ich auf den Monitor blickte und kein Pulsieren sah, war mir sofort klar: Etwas stimmte nicht. Die Ärztin wusste es auch sofort und verhielt sich professionell, ohne mir zusätzlich Angst zu machen. Sie wies mich auf ein nahegelegenes Krankenhaus hin.

Ohne ihr genau zuzuhören, liefen mir die ersten Tränen über das Gesicht. Sie gab mir noch etwas Hoffnung für die Fahrt zum Krankenhaus, indem sie mich davon überzeugte, dass die Geräte im Krankenhaus qualitativ hochwertiger seien als in ihrer Praxis.

Ich fuhr zum Krankenhaus und wurde direkt in Empfang genommen. Wie es das Schicksal wollte, bekam ich am selben Tag einen Termin für eine Ausschabung – dieses Mal unter Vollnarkose. Ich erzählte dem Arzt von meiner ersten Fehlgeburt und der Ausschabung ohne Narkose. Er hob beide Augenbrauen hoch und versicherte mir, dass es in Deutschland überwiegend unter einer Vollnarkose vollzogen wird. Noch während des Gesprächs mit dem Arzt rief ich Kevin an und teilte ihm die traurige Nachricht mit. Er wollte wissen, ob ich danach noch Kinder bekommen könnte. An mehr erinnere ich mich nicht. Zu der Zeit waren seine Mutter und Großmutter zu Besuch. Sie konnten also auf Yanni aufpassen, während Kevin im Geschäft die Stellung hielt.

Als ich im Krankenhausbett in den Operations-saal geschoben wurde, schluchzte ich bitterlich vor mich hin. Angst, Trauer und eine riesige Welle der Ohnmacht und Schmerzen breiteten sich in mir aus. Die OP-Schwestern trösteten mich unentwegt, und ich teilte ihnen meine Angst vor der OP mit. Ich sagte: „Ich habe solche Angst. Ich habe Angst vor den Schmerzen. Ich habe Angst … Bitte passt auf mich auf." Sie versprachen mir, auf mich auf-zupassen. Dann setzten sie mir die Atemmaske auf, und ich schlummerte sanft ein.

Als ich wach wurde, lag ich bereits in einem Krankenhauszimmer. Ich hatte keine Schmerzen. Noch war ich unter dem Einfluss der Betäubung. Leer und müde fühlte ich mich. Ich durfte die Nacht bleiben. Kevin besuchte mich am Abend und brachte mir etwas zu essen.

Wir unterhielten uns nicht lange, weil Yanni zuhause noch nicht eingeschlafen war. Am nächsten Tag durfte ich dann nach Hause.

Wie konnte mir das ein zweites Mal passieren? Diese Frage ließ mich keinen Tag mehr los. Mit Kevin konnte ich nun auch ansatzweise vernünftig darüber reden, da ich weder wandern gewesen war, noch vorher eine Blutung gehabt hatte. Die Schwangerschaft war ganz reibungslos verlaufen. Bis auf die Tatsache, dass das Herz des Embryos von selbst aufgehört hat zu schlagen. *Bin ich wieder alleine schuld? Hat mein Körper wieder versagt? Habe ich etwas Falsches gegessen? Was habe ich falsch gemacht?* Kevin konnte mir keine konkrete Antwort geben, bis auf diese: „Vielleicht war die Qualität meiner Samen einfach schlecht und es konnte sich nicht richtig entwickeln."

„Interessant … hätte es nicht auch beim ersten Mal so sein können?"

Daraufhin bekam ich keine Antwort. Es blieb unausgesprochen.

Ich war wütend auf ihn und mich. *Wieso können wir nicht zusammenhalten und die Trauer gemeinsam zulassen? Warum stehe ich alleine als Schuldige da? Was soll das Ganze hier?* Ich fing an, über den Sinn des Lebens zu googeln.

8:04 Uhr am nächsten Morgen, den 4. April 2024

Der gestrige Abend war wunderschön. Wir waren alle gemeinsam in einem sehr schicken Restaurant in Düsseldorf essen. Zum ersten Mal seit langer Zeit fühlte ich mich meinen Familienmitgliedern tief verbunden – meinen beiden Schwestern, meiner Cousine und meiner Tante. Es war etwas Besonderes, einfach zuzuhören, als meine Schwester von ihrer Vergangenheit erzählte. Ihre Geschichten berührten mich so sehr, dass ich mir kaum vorstellen konnte, was sie alles erlebt hatte. Jetzt fühle ich mich leer – aber auf eine gute Weise.

Eine angenehme Leere, wie im Leerlauf, irgendwo zwischen den Welten. Keine Angst mehr vor Verurteilungen, keine Angst mehr vor Verlust. Und doch tauchen verschiedene Gedanken auf, und ich spüre diese immense Ungewissheit in mir.

Passiert hier überhaupt etwas? Geht es für mich voran?

Ein Bild kommt mir in den Sinn: ein Küken, das gerade aus seiner Schale geschlüpft ist. Lange Zeit war die harte, enge Schale mein Zuhause. Ich hatte mich an diese Enge gewöhnt, bis ich sie schließlich von innen aufbrach. Jetzt stehe ich in dieser grenzenlosen Freiheit – und sie macht mir Angst. Doch ich spüre, dass sich alles verändert, sobald ich Frieden in mir finde und der Wahrheit ins Auge sehe. Ich erkenne mich für den Weg an, den ich gegangen bin. Zehn harte Jahre. Manchmal frage ich mich, ob es auch anders hätte gehen können.

Vielleicht habe ich mich an den falschen Gott gehängt. Aber tief in mir weiß ich, dass ich immer das Beste getan habe – zumindest aus meiner Sicht.

Seit drei Monaten bin ich nun 36 Jahre alt. Es gibt eine Kindergeschichte von Neale Donald Walsch, die auf seinem Bestsellerbuch „Gespräche mit Gott" basiert.

In dieser Geschichte geht es um eine kleine Seele im Himmel, die sich mit Gott über den Wunsch, auf die Erde zu gehen, um sich selbst zu erfahren, unterhält. Am Ende verabreden sich die kleine Seele und eine andere freundliche Seele, sich zusammen die bösartigsten Dinge anzutun, damit die kleine Seele sich selbst vergeben kann und letztendlich die Vergebung selbst wird. Beide freuen sich sehr auf das Abenteuer des Lebens und nehmen sich vor, sich stets an das Licht des anderen zu erinnern – egal, was der andere als Mensch ihm/ihr antun wird.

Diese Geschichte hat mich sehr oft zum Weinen gebracht.

Die Essenz der Geschichte – auch wenn sie unseren Verstand in den Wahnsinn treiben kann – will uns das All-Eins-Sein vermitteln. Wir stammen alle aus derselben Quelle und kommen als Individuen auf die Erde. Tief in unseren Herzen wissen wir das.

Es gibt eine weitere ähnliche Geschichte namens „Das Ei". Dort wird das Prinzip von Karma dargestellt und verdeutlicht, dass wir uns in einem unendlichen Recycling-Prozess befinden – bis wir selbst zu Gott werden und wieder im Nichts verschwinden bzw. einfach das Nichts sind.

Beide Geschichten haben etwas, das mich persönlich sehr berührt. Sie haben mir geholfen, wieder an Gott zu glauben. Vorher hatte ich eine On-Off-Fernbeziehung mit Gott geführt. Meine Mutter war, wie bereits in Kapitel 5 erwähnt, schon immer gläubig, obendrein auch sehr spirituell. Ihre Glaubensrichtung hatte eine Tendenz zum Buddhismus, vermischt mit Elementen des Daoismus. Bei brenzligen Themen wie dem Tod oder schlechtem Omen wurde heftig reagiert.

Das machte mich umso neugieriger, warum sie dies tat. Natürlich steckte eine große Portion Unsicherheit und Ängstlichkeit vor dem großen, strafenden Gott oder dem schlechten Karma dahinter – das einen dann trifft, wenn man Dinge zu sehr hinterfragt. Alles ein wenig verkorkst. Daher die On-Off-Fernbeziehung mit Gott. Lange Zeit war es nur eine Off-Fernbeziehung. Doch als sich die Krisen häuften, wechselte ich zu einer On-Fernbeziehung – geprägt von Schuldzuweisungen und Groll.

Wie kannst du nur? Du hast ja nur Scheiße gebaut! Alles ist Scheiße! Was hast du dir nur dabei gedacht? Wie kannst du mich nur so leiden lassen? Wo ist die Hilfe? Wo ist deine Liebe? Wie kannst du mich in so eine Situation bringen? Ich hasse dich zutiefst. Du kannst nichts und wieder nichts!

Oft bekam ich einfach keine Antwort – oder ich bekam sie und *konnte* sie nicht hören. Das Rauschen des Grolls im Hintergrund war so laut geworden. Mein Misstrauen war riesengroß.

Aber wohin brachten mich all der Groll und das Misstrauen? Nirgendwo. Ich stand immer wieder am gleichen Fleck. Es gibt ja auch einen anderen Weg – einen Weg, auf dem ich vertrauen kann, dass alles genauso richtig ist, wie es ist.

Klar! Was steht denn auf meiner Stirn geschrieben? Bitte jegliche Scheiße bei Yin abladen?!?

Doch plötzlich kam mir eine leise, klare Erkenntnis an die Oberfläche. Nach all dem Schmerz, der Ungerechtigkeit und der Ohnmacht war da immer wieder ein kleiner Funke: *Ich habe das überlebt.* So übermächtig der Schmerz in mir war, so viel Liebe war auf der anderen Seite.

Wenn wir den Schmerz zulassen, erkennen wir, wie sehr wir lieben können. Wie viel Liebe unser Herz für uns bereithält. Wie viel Mitgefühl und Verständnis für uns selbst und unsere Mitmenschen entstehen kann. Manchmal fühlt sich der Schmerz so an, als würden wir leidvoll sterben. Es ist aber die Angst, die stirbt.

Die Liebe hält uns die Arme auf – nicht aufdringlich, nicht fordernd, sie ist einfach da. Präsent. Bereit, uns jederzeit aufzufangen. Mit dem Schmerz, mit der Angst, mit all deinem Leid. Und wenn du dich fallen lassen kannst, die Schutzmauer einstürzen lässt, wirst du sanft vom Trost der Liebe umhüllt. *Aber was ist, wenn die Liebe es bei mir nicht tut, fragst du dich vielleicht? Was ist, wenn sie mich verlässt, mich im Stich lässt und geht?*

Diese Angst ist alt und stammt weitgehend aus der Vergangenheit. Damals, als Kinder, waren wir von der Nähe, Zuneigung und Aufmerksamkeit unserer Eltern sehr abhängig. Der Tank dieser Aspekte wurde nur dann gefüllt, wenn wir krank waren oder wenn etwas Schlimmes passiert ist. Im Alltag kam die Zuneigung bei mir (gefühlt) meist zu kurz. Der Abnabelungsprozess fand bei mir nie wirklich statt. Mit einem Bein war ich unbewusst immer noch mit meinen Eltern verbunden, mit dem anderen Bein mit Kevin. Ich bemerkte, dass ich Kevin so haben wollte, wie ich meinen Vater erlebt hatte.

Er sollte sich um mich kümmern und für mich da sein. Das klingt auf den ersten Blick legitim, doch es kann für eine Beziehung unheimlich belastend sein. Im Gegenzug wollte ich auch nicht die Mutter für Kevin sein. Ich war ja nun Mutter unserer Söhne.

Das Erwachsenwerden war für mich ein qualvoller Prozess, der bedeutete, sich immer wieder bewusstmachen zu müssen, dass ich Antworten haben sollte, auch wenn ich keine Ahnung hatte. Mit Angst und Unsicherheiten umgehen zu können. Meine eigene Mutter und mein eigener Vater für mich selbst zu sein. Hätte mir das jemand vorher gesagt, hätte ich vermutlich nur den Kopf geschüttelt.

Am Ende machte es doch alles Sinn, und ich bemerkte, dass ich die einzige Person in meinem Leben bin, die 24/7 für mich da ist. In jeder Situation in meinem Leben war ich dabei, in der ersten Reihe, ganz vorne. Und trotzdem wollte ich das nicht wahrhaben. Es musste ja jemanden geben, der für mich zuständig ist! *Ja klar – Gott.*

Ich kam mit der Art und Weise von Gott nicht zurecht. Und vor allem nicht mit den lauten Stimmen in mir. Am Ende brachte es auch nichts mehr, auf Gott wütend zu sein. Alles fiel immer wieder auf mich selbst zurück. Wie sehr habe ich mir eine Instanz gewünscht, bei der ich all meine Beschwerden loswerden konnte. Und siehe da – bis ich es kapierte, war ich selbst diese Instanz.

6. April 2024 Auf dem Weg zurück nach Berlin

Das Verurteilen und Bewerten haben ein Ende. Für mich und viele andere ist es wie das Erlernen einer neuen Sprache. Jahrtausendelang wurde alles in gut und schlecht kategorisiert. Beides kommt aus einer Quelle, ähnlich wie die Farben Weiß und Schwarz. Beide beinhalten das gesamte Farbspektrum, lediglich die Dichte der Farben ist unterschiedlich.

Gäbe es diese Unterschiede nicht, könnten wir das eine vom anderen nicht unterscheiden. Auch die Wirkung ist demnach unterschiedlich – doch in der Tiefe kommt beides aus dem Nichts. So ist es auch mit dem Bewerten. Natürlich enthält jede Bewertung eine Spur Wahrheit, ebenso wie die Tatsache, dass die Dinge einfach so sind, wie sie sind.

Das große Ganze zu erkennen, ist nicht immer einfach. Es ist viel leichter, nur eine Seite zu sehen und jemanden schlecht dastehen zu lassen – etwas, das auch ich noch tue. Aber es gibt nichts, das wirklich schlecht ist. Schlecht existiert nur im Auge des Betrachters. Die folgende Geschichte zeigt, wie sehr wir mit unserer Menschlichkeit und Liebe alles verändern können, wenn wir es wirklich wollen:

Ein Jugendlicher wurde von einem anderen Jugendlichen ermordet. Die Mutter des ermordeten Sohnes besuchte eines Tages den Mörder ihres Kindes im Gefängnis und sagte ihm, dass sie ihn eines Tages töten werde.

Von diesem Moment an begann sie, ihn regelmäßig zu besuchen. Sie unterhielt sich mit ihm, und irgendwann brachte sie ihm Dinge mit, die er sich wünschte – kleine Aufmerksamkeiten wie eine Tafel Schokolade und seine Lieblings-Cola. Nach einigen Jahren und vielen Gefängnisbesuchen kam der Tag, an dem der Mörder das Gefängnis verlassen durfte. Die Mutter des Ermordeten adoptierte ihn. Sie fragte ihn eines Tages, ob er sich noch an das erinnerte, was sie ihm beim ersten Besuch gesagt hatte. Er bejahte die Frage. Und so geschah es: Der Mörder ihres Sohnes wurde ihr neuer Sohn. Er hatte sich durch ihr Mitgefühl und Verständnis verändert.

Die Quintessenz dieser Kurzgeschichte: Liebe ist die größte Kraft im Universum.

In meinem Fall konnte ich bei Kevin keine Veränderung mit dieser Kraft erreichen, und letztlich war das auch kein Ziel mehr für mich. Was ich wirklich wollte, war, diese Kraft in mir selbst zu spüren – ich wollte sie für mich kultivieren, unabhängig von Äußerlichkeiten.

Meine einzige Erwartung war, mich nicht mehr von irgendetwas oder jemandem aus meiner Mitte bringen zu lassen.

Die Frau in der Geschichte hat nicht nur den Mörder getötet, sondern auch einen Teil von sich selbst. Ihre Persönlichkeit, mit all ihren Geschichten und Prägungen, ist gestorben – was blieb, war das Selbst. Das reine Selbst, die wahre Essenz, der göttliche Kern in uns. In meinem Fall habe ich mit dieser Kraft vollkommenen Frieden in meinem Herzen gefunden. Ich habe mich von einem großen Teil meiner Geschichte verabschiedet. Das kann man mit einem Tod vergleichen. Ich bin in mir angekommen, ich habe mich für mich selbst entschieden. Nichts im Außen kann mich mehr erschüttern. Wenn ich eines Tages die Welt verlasse, hinterlasse ich sie mit ein wenig mehr Liebe und weniger Hass und Groll.

Kann das jeder erreichen? Ja und Nein. Es bedeutet, das endlose Bewerten, Verurteilen und Kategorisieren abzulegen – und genau darin liegt die größte Herausforderung.

Denn wer wären wir, wenn wir aufhören würden, alles und jeden in richtig oder falsch einzuteilen?

Auf der weiteren Rückfahrt erinnere ich mich an eine Podcast-Folge von Laura Marina Seiler mit John Strelecky. John erzählte eine Geschichte, die meiner auf der Hinfahrt nach Neuss sehr ähnlich war. Er saß allein in seinem Auto und schimpfte über seinen Tag. Gedankenverloren ging er all seine Missgeschicke durch und versank in Selbstmitleid. Irgendwann bog er in eine Ausfahrt ein, hielt an einer roten Ampel und bemerkte einen einarmigen Mann am Straßenrand der Autobahn, der mit dem Rücken zu ihm entlangging. In diesem Moment wurde ihm plötzlich bewusst, wie viele Dinge er selbst nicht tun könnte, wenn er nur einen Arm hätte.

Gleichzeitig schämte er sich für sein Selbstmitleid. Als die Ampel grün wurde, fuhr er weiter und blickte in den Rückspiegel – der Mann war verschwunden. John erklärte diesen Moment später als das Erscheinen eines *Engels*, der ihm aufzeigte: „Genug mit der Selbstmitleids-Party – du kannst jetzt aufhören."

So fühlte ich mich auch, als ich im Zug die Durchsage über den Personenunfall hörte und mir vorstellte, wie dieser Mensch freiwillig den Tod gewählt hatte, weil es für ihn oder sie der scheinbar einzige sinnvolle Ausweg war. Ich stand gedanklich an diesem Punkt – jedoch hätte ich es nie gewagt. Nicht nur wegen der Kinder. Es war einfach tief in mir verankert, dass Selbstmord für mich unlogisch ist. Ein sehr plakativer Vergleich hat dieses Denken bei mir tief verankert: Selbstmord ist, wie die Wohnung zu putzen, bevor die Putzfrau kommt. Der Tod kommt sowieso irgendwann – warum ihn beschleunigen? Ich spreche hier nicht von Menschen, die an schweren Krankheiten leiden.

Aber wenn wir das Leben als Kampf betrachten, scheint der Tod oft wie eine Erlösung. Doch solange der Tod nicht persönlich vor der Tür steht, können wir darauf vertrauen, dass unser Weg irgendwann einen Sinn ergeben wird – früher oder später. Meistens eben sehr viel später.

Nach einer fast fünfstündigen Fahrt stiegen wir völlig erschöpft und müde aus dem Zug. Kevin wartete bereits auf dem Gleis auf Yanni. Wir hatten vereinbart, dass er an diesem Tag nur Yanni mitnimmt, während Chenni bei mir bleibt. Ich konnte ihm nicht in die Augen sehen, und er mir auch nicht. Wir tauschten nur wenige Worte aus und gingen dann in verschiedene Richtungen. Chenni winkte seinem Papa mit Handküssen zu. Ein Hauch von Scham umhüllte mich.

Später, in der S-Bahn Richtung Potsdam, liefen mir erneut die Tränen über die Wangen.

Warum schämte ich mich? Wofür? Die Antwort kam fast zeitgleich mit den Fragen, die ich mir stellte. In all den Gesprächen mit Chunxue war es immer um Kevin gegangen. Wir hatten verurteilt, bewertet und analysiert. Ich war voll dabei gewesen. Ich hatte ihr zugestimmt und aus dem Nähkästchen geplaudert.

Am Ende war es ganz klar: Er war der faule Täter, und ich das dumme, naive Opfer. Mir kam auch die Erinnerung, dass ich auch meinen Beitrag dazu geleistet hatte. Er hätte weiterhin seinen Fleiß gezeigt, wenn der immense Selbstdruck nicht gewesen wäre. Hinzu kamen auch Neidthemen, fehlende Anerkennung von mir und ein ganz wackeliges Fundament unserer Beziehung. Mir wird jetzt im Nachhinein ganz klar, dass er irgendwann die Hoffnung auf uns schon früh im Herzen aufgegeben hatte. Für den Schein und für die Kinder hatte er es auch so lange durchgehalten.

Meine Schwester erklärte mir, dass mir so etwas niemals passiert wäre, wenn ich jemanden aus unserem Dorf, Yutang, geheiratet hätte – anstatt jemanden aus der Großstadt Wenzhou. In Yutang oder Nachbardörfer, so sagte sie, seien die Männer fleißig, bodenständig und ehrten ihre Ehefrauen.

Ein Mann wie Kevin wäre mir dort niemals untergekommen. Damals hatte ich einige Vorschläge von solchen Typen aus dem Dorf erhalten, doch ich hatte jeden einzelnen potenziellen Ehemann abgelehnt.

Ich weiß jetzt, rückblickend, dass ich nie für den Weg, den meine Schwester gegangen war, gemacht worden bin. Ich spulte die Generationen ab. Meine Großeltern (Jahrgang 1922/25), die nach dem ersten und während des zweiten Weltkrieges groß geworden sind, hatten nur ein Ziel: Überleben und das Land wiederherrichten. Meine Eltern (Jahrgang 1947/50) haben überlebt, waren aber in purer Armut aufgewachsen. Sie wussten, wie es war, wenn man nichts zu essen hatte.

Sie bekamen die Chance, in Deutschland materiellen Besitz und Geld durch viel Fleiß anzuhäufen – mit Erfolg. Das gaben sie an die Generation meiner Schwestern (Jahrgang 1970/72/74/78) weiter. Eine nach der anderen kamen sie als Teenager nach Deutschland – mit all den Herausforderungen, die ein Kontinentwechsel mit sich bringt. Doch ihr Ziel war dasselbe wie das unserer Eltern: Geld verdienen. Denn wer Geld verdient, hat Macht.

Meine Schwestern waren die ersten, die sich auch Luxusgüter anhäufen konnten. Von Aigner über Gucci, Louis Vuitton und Prada waren alle Luxusmarken vertreten. Dann komme ich (Jahrgang 1988), die zwischen den Welten hängt. In der kompletten Fülle aufgewachsen, aber mit der Intention, dafür auch hart zu arbeiten, fleißig zu sein und viel zu sparen.

Für mich machte es nur zu einem gewissen Grad Sinn. Zwar hatte ich keine wirkliche Armut erlitten, dennoch wusste ich trotzdem, wie sich ein finanzieller Engpass anfühlt.

Zum Glück habe ich ein inneres Urvertrauen, dass ich immer alles haben werde, was ich brauche. Das kommt wahrscheinlich daher, dass ich in einem China-Restaurant mit vier älteren Schwestern aufgewachsen bin.

Später habe ich auch immer haufenweise Klamotten von meinen Schwestern bekommen. Als ich mich mit Kevin selbstständig machte, wusste ich mit jeder Faser meines Körpers, dass das nie mein Weg sein würde. Für meine Schwestern macht es Sinn, viel zu arbeiten und dafür viel Geld zu verdienen. Damit konnten sie ihren Kindern wiederum eine Bildung anbieten, die sie niemals bekommen hatten. Meine Nichten und Neffen, Jahrgänge 1997 bis 2004, gehören wieder zu einem ganz anderen Schlag von Menschen.

Mein Weg sollte nicht nur vom harten Arbeiten und viel Geld geprägt sein. Es sollte am Ende auch noch um *andere* gehen. Anderen etwas zurückgeben. Etwas Sinnstiftendes. Etwas der Welt hinterlassen. Es sollte nicht allein um mein Haus, mein Auto, meine Yacht gehen.

Das alles ist supercool, und wenn ich das Geld hätte, würde ich es mir auch gönnen wollen. Ich möchte jedoch etwas kombinieren, das Menschen berührt. Etwas, was Menschen zum Nachdenken anregt und zur Veränderung inspiriert.

Meine Großeltern und meine Eltern waren nie in der Lage, so zu denken. Sie hatten einen ganz anderen Fokus. Jede Generation bringt einen anderen Fokus mit. Physisch geht es uns allen besser denn je. Wir haben sauberes Trinkwasser und eine Menge Lebensmittel, die tonnenweise jährlich weggeschmissen werden.

Die Verteilung des Geldes ist immer noch massiv im Ungleichgewicht. Es hungern immer noch Menschen, obwohl es eigentlich so viel zu essen auf der Welt gibt. Aber wem erzähle ich das? Wir wissen es, und wir alle tun das, was wir für richtig halten. Und hier beginnt es mit unserer eigenen gesunden Psyche. Diese Psyche sehen wir nicht, spüren sie und nehmen Unstimmigkeiten eines Menschen wahr, wenn wir uns mit ihnen unterhalten.

Jegliche zwischenmenschlichen Beziehungen entstehen zunächst mit unseren Eltern, Geschwistern und Verwandten. Da wird das Fundament gebaut. Wenn es dort bereits Unehrlichkeiten, Unausgesprochenes und Machtkämpfe gibt, dann ganz bestimmt auch in der Politik. Es ist wie eine Kettenreaktion. Aber ich möchte gar nicht politisch werden, damit kenne ich mich viel zu wenig aus und bin darin auch sehr unerfahren. Ich weiß nur, dass alles im Kleinen und Unsichtbaren beginnt und dass das Unsichtbare mächtiger ist als das Sichtbare.

Ich wäre wahrscheinlich mit keinem der *traditionellen Männer* ewig zusammengeblieben. Das liegt nicht nur daran, dass Kevin nicht so fleißig (laut der Aussage meiner Schwester) gewesen war. Auch wenn er es gewesen wäre, wäre ich niemals glücklich geworden.

Ich erinnere mich an eine Bekanntschaft, die mir vorgeschlagen wurde. Er war jung, reich und ein Unternehmer. Am Tag unseres Blinddates stieg ich in ein falsch geparktes Auto ein. Ich habe es erst gemerkt, als der Fahrer mich schreckhaft angeschaut hatte. Danach bemerkte ich, dass mein Blinddate ein Auto weiter vorne geparkt hatte. Das nahm ich als Zeichen.

Am Ende wollte er den Kontakt weiterhin halten, aber ich sagte bereits nach dem gemeinsamen Abend zu meiner Mutter folgendes: „Mama, weißt du, ich glaube, ich würde von ihm alles bekommen. Ich wäre ein Vogel im goldenen Käfig. Ich bin aber ein Freigeist, möchte viel reisen, und ich weiß, dass es nicht passen wird."

Rückblickend könnte ich sagen, dass ich auf ein abenteuerliches, nicht normbestimmtes Leben programmiert war. Etwas, was zuvor noch nie in dieser Art gelebt worden war. Individuell. Ich bin dafür gekommen, die Tradition auf eine Art und Weise zu brechen, die im Nachgang völlig logisch für mich ist.

Am Abreisetag in Neuss fragte mich meine Schwester am Frühstückstisch, ob ich weiterhin Aufstellungen oder Coachings machen werde. Ich verneinte, weil ich wusste, dass ein Ja zu größeren Diskussionen und Widerstand führen würde. Sie nannte mir ein bis zwei Beispiele von anderen Menschen, die eine Psychotherapie oder Paartherapie gemacht hatten und sich dennoch getrennt hatten. „Das Ziel sollte doch sein, dass sich das Paar wiederfindet und zusammenbleibt. Der Schlüssel liegt in jedem selbst, du musst alle Seiten reflektieren, dann kommst du auf die Antwort. Die Psychologen können dir am Ende auch nicht helfen. Sie wollen am Ende eh nur das Geld."

Oha, dachte ich mir. Ich fügte ein paar Sätze hinzu, dass bei jeder Paartherapie beide Partner am selben Strang ziehen müssen, und falls das nicht klappt, ich persönliche Unterstützung gebraucht habe, um mit der ganzen Trennung wirklich Frieden zu erlangen. Immerhin sind noch die zwei Kinder mit involviert.

Aber sie war der festen Überzeugung, dass ich das auch ohne all die Therapeuten geschafft hätte. Die ganze Familie hatte bereits gesehen, dass er von Anfang an der Falsche gewesen war. Vor allem unsere Mutter hatte es mir direkt am Anfang gesagt, und auf sie müsse man immer hören. In diesem Moment fiel mir ein, dass bei der Hochzeit meiner dritten Schwester niemand von uns da gewesen ist.

Ich: Zaza (Schwester auf unserem Dialekt), was hättest du denn getan, wenn du nicht so ein finanzielles Glück mit Schwager erreicht hättest? Keiner von uns war damals auf eurer Hochzeit, und wir hatten uns jahrelang auch nicht gesehen.

Meine dritte Schwester: Ja, das Finanzielle ist einer der wichtigsten Bestandteile in der Ehe/ Beziehung. Wenn das nicht stimmt, dann streitet man und es wird nicht besser. Aber wenn das Finanzielle passt, dann ist selbst der Streit es wert – weil man gemeinsam durchhalten kann.

Interessant. Das Geld wird über alles gestellt. Ich kann das nachvollziehen. Meine Eltern sind in der Mao-Zeit aufgewachsen, wo der Fokus auf das allgemeine Wohl gelegt wurde. Kein Raum für Individualität. Gemeinsam für alle. Danach kam Deng Xiaoping an die Macht und das Motto lautete:

> *Egal ob weiße Katze oder schwarze Katze,*
> *Hauptsache sie fängt Mäuse.*

Das bedeutet, wenn du fleißig bist und viel Geld verdienst, bist du etwas wert. Was damals während der Wirtschaftskrise eine Inspiration und Motivation gewesen ist. Ohne Geld warst du nichts, konntest dir nichts zu essen kaufen. Es war existenziell überlebenswichtig. Das nahm jedoch irgendwann überhand. Und wie wir alle wissen: Alles, was ins Extreme rutscht, wird irgendwann ungesund. Das Geld wird wertvoller als der Mensch. Die Menschlichkeit schwindet dahin. Geld bringt viele Freiheiten, aber es kommt darauf an, wie und wo ich es einsetze.

Im Gespräch merke ich, dass ich meinen Weg inzwischen wertschätze und ihre Ansicht vollkommen nachvollziehe. Chunxue lädt mich ein, zu überlegen, ob ich nicht nach Neuss ziehen möchte. Dort gäbe es viele Verwandte, die mir unter die Arme greifen könnten. Ich spüre ein neutrales Gefühl in mir – nicht wie früher, als ich bei jedem äußeren Impuls sofort reagierte und im Geiste bereits beim Umzug war. Ich verneine die Einladung oder Idee jedoch nicht, sondern bedanke mich einfach bei meiner Schwester.

In meiner Wahrnehmung haben Familie und Tradition einen sehr hohen Stellenwert in China. Daher fiel mir die Trennung und das wahrhaftige Loslassen von Kevin so dermaßen schwer, weil es in meiner DNA immerhin, seit vielen Generationen anders gelebt wird. Die Trennung ist das eine, wie ich danach mit dem Vater der Kinder in Beziehung bleiben möchte, ist das andere. Standardgemäß ist es so, dass es gar keine Verbindung mehr gibt. Auch wenn der Mensch lebt, wird so getan, als hätte er die Welt bereits verlassen.

Nun, zu einem gewissen Teil hat er meine Welt bereits verlassen, aber er bleibt für dieses Leben ewig der Vater der Kinder. Wie kann sich dort eine friedvolle, neutrale Elternbeziehung entwickeln? Scheinbar unmöglich.

Auf der Rückfahrt im Zug sende ich Sprachnachrichten an Ivy, eine ehemalige Kollegin und Freundin aus dem Shangri-La Hotel, die auch Kevin kennt, über meine Erkenntnisse und die Gespräche zwischen Chunxue und mir. Ich bemerke während des Gesprächs, dass ich Kevin stets an den Pranger stelle und erzähle, was er alles gemacht oder nicht gemacht hat. Wie meine Schwester ihn sah und was für ein Fazit wir am Ende über seinen Charakter zogen.

Es ist so einfach, über jemanden zu urteilen und die negativen Seiten zu unterstreichen. Die Tatsachen über sein Handeln sind nicht zu ignorieren und doch weiß ich, dass auch ich meinen Part dazu geleistet habe.

Wir waren nicht kompatibel in unserer Geistes-
haltung und haben beide die Beziehung überwiegend aus der Pflicht zur Tradition so lang geführt.

Am Ende wurde die Liebe durch Machtkämpfe,
Stolz und Unbewusstheit erstickt. Ich könnte so-
gar behaupten, dass wir beide keine Ahnung von
Liebe hatten.

Wahrhaftige Liebe engt niemanden ein, übt
keine Gewalt aus, manipuliert nicht und ignoriert
nicht. Liebe kennt wahrscheinlich auch keine Hie-
rarchien oder Normen. An dieser Stelle möchte ich
ein Zitat aus der Bibel erwähnen:

*Die Liebe ist langmütig und freundlich, die
Liebe eifert nicht, die Liebe treibt nicht Mutwil-
len, sie bläht sich nicht auf, sie verhält sich nicht
ungehörig, sie sucht nicht das Ihre, sie lässt sich
nicht erbittern, sie rechnet das Böse nicht zu, sie
freut sich nicht über die Ungerechtigkeit, sie
freut sich aber an der Wahrheit.*

Jetzt, am Ende dieses Kapitels, wird mir klar: Diese Worte sind nicht nur eine schöne Theorie – sie sind eine Praxis, die immer wieder auf die Probe gestellt wird.

Ehrlich und aufrichtig zu sein bedeutet, Stürme zu überstehen und sich der Angst zu stellen, die oft ungebeten auftaucht. Ich habe diese Stürme auf mich genommen, um mir selbst treu zu bleiben. Es ist mein Herz, das stetig für mich schlägt. Mein Leben, das von mir gelebt werden möchte. Menschen werden in mein Leben kommen und gehen. Die, die zu mir gehören, werden bleiben. Die anderen werden weiterziehen.

Der Weg der Liebe erfordert Mut, Hingabe, Demut, Barmherzigkeit und absolutes Vertrauen. Die Tradition hat mir gezeigt, dass Sicherheit, Ansehen und Angepasstheit wichtig sind. Rollen wurden klar aufgeteilt. Es herrschte scheinbar eine Ordnung. Aber die Liebe spielt *keine* Rolle. Sie ist einfach. Pur und Präsent. Und daher macht sich jedes unglückliche Herz irgendwann bemerkbar.

Daher hätte mich ein Leben, das meine Schwestern führen, nie glücklich gemacht – egal wie fleißig mein Ehemann gewesen wäre. Wenn es nur um das Geld verdienen geht, sehe ich für mich den Sinn nicht darin. Zum Abschluss des Kapitel noch ein wunderschönes Sprichwort von den Cherokee-Indianern:

Die höchste Berufung einer Frau ist es, den Mann zu seiner Seele zu führen, damit er sich mit seiner Quelle verbinden kann. Die höchste Berufung des Mannes ist es, die Frau zu beschützen, damit sie frei und unverletzt auf der Erde wandeln kann.

Ich habe mir zutiefst gewünscht, Kevin an seine helle Seele zu führen und im Umkehrschluss beschützt zu werden und mich frei zu fühlen. Das hat nicht ganz geklappt, aber dafür habe ich mich wieder an meine Seele geführt, an mein Licht, an meine Wahrheit. Vielleicht war das erstmal nötig. Und vielleicht reicht das für meine Geschichte mit Kevin aus.

KAPITEL 11 oder eine Zugabe

Es sollten laut meinem Vorwort nur zehn Kapitel sein, aber ich entschied mich spontan, dieses elfte Kapitel dem Verlauf unserer Elternschaft-Entwicklung zu widmen.

23. April 2024 Zug Richtung Berlin Zoologischer Garten

Die Aufstellung wirkt noch nach. Meine Geldbörse ist noch nicht aufgetaucht, aber ich kann

Kevin mühelos und ganz frei die liebevolle Güte der Mediation gedanklich im Zug senden.

Dabei höre ich schnulzige Disney-Musik: *Can you feel the love tonight … A whole new world … Tangled …* und so weiter und so fort. Meine Augen sind geschlossen, während ich der Musik lausche und Kevin vor meinem inneren Auge sehe. Wir können uns anlächeln und sogar die Hand geben und uns später umarmen.

Ich fühle eine tiefe Dankbarkeit für unsere Jungs und für die Zeit, die wir gemeinsam hatten. Mikro-Erinnerungen tauchen auf und mir wird bewusst, dass wir uns tatsächlich geliebt haben. Ja, es hört sich wahrscheinlich komisch an, aber während der letzten Monate vor der Scheidung und danach existierte diese Tatsache nicht. Ich habe oft geantwortet, dass nichts gut war in unserer Ehe - außer der Kinder. Wir hatten zwar gute Momente, aber die vielen schlechten haben schließlich überhandgenommen. Kevin hat mich dazu gebracht, wahrlich zu mir zu stehen.

Mich auf den Weg zu machen und meinem Herzen die Führung zu überlassen. Er bleibt der Vater der Kinder, mein erster Ehemann, mit dem ich ein Jahrzehnt eine gemeinsame Geschichte geschrieben habe. Meine Kinder sind zu 50 % auch er.

Es ist möglich, ihn zu hassen und ihn aus dem Leben zu verdammen, aber dann würde ich diese 50 % auch bei meinen Kindern verdammen. Ich glaube, dass eine Trennung mit gemeinsamen Kindern das höchste Wachstumspotential bereithält, bzw. die Rückkehr zum Herzen durch all die Verletzungen und Schmerzen. Wir alle haben so große Angst vor dem Schmerz. Es fühlt sich auch teilweise an, als würde man sterben. Aber das tun wir nicht. Wenn wir bereit sind, den Schmerz da sein zu lassen, wird er geachtet und verschwindet in seinem Tempo wieder. Wir haben verlernt, wie wir Gefühle oder Schmerzen einfach da sein lassen. Als Kinder haben wir ihnen einen Ausdruck verschafft, ohne eine Bewertung dazu zu geben.

Wir haben nicht daran festgehalten und uns Sorgen darüber gemacht, ob wir jemals, nach dem zwanzigsten Mal vom Fahrrad fallen, Fahrrad fahren lernen würden - wir haben es einfach gemacht.

In meinen Visionen vor dem inneren Auge lasse ich alle Bilder zu und es berührt mich sehr. Mir tropfen einige Tränen auf meinen Mantel. Ich bin sehr glücklich, mein Herz nicht verschlossen zu haben. Ich bin glücklich darüber, dass ich es geschafft habe, Kevin wertzuschätzen und dankbar für alles zu sein - auch wenn wir uns so sehr gegenseitig wehgetan haben.

Das letzte Mal, als ich meine Geldbörse in der Hand gehabt hatte, war ich zuhause gewesen, auf Arbeit hatte ich sie noch in der Tasche gesehen. Als ich nach Hause gekommen war, hatte ich keinen Blick mehr in die Tasche geworfen.

Erst am nächsten Morgen, als die Kinder und ich zur Bücherei fahren wollten, fiel es mir auf, dass meine Börse weg war. Die Vermutung, dass eins meiner Kinder die Geldbörse versteckt haben könnte, kam als erstes in meinen Gedanken. Aber nach mehreren Malen Nachfragen und vielen Neins meiner Kinder ließ ich diese Vermutung fallen. Ich meditierte zur Geldbörse hin und entschuldigte mich sogar, dass ich nicht achtsam genug gewesen war, auf sie aufzupassen. Irgendeine Bedeutung musste es haben, warum ich meine Geldbörse, samt Geld und allen wichtigen Plastikkarten wie Ausweis, Führerschein, Versicherungskarten, Punkte-Sammelkarten etc. verloren hatte.

Welche Ursache steckte dahinter? Musste ich sie verlieren, damit derjenige, der sie findet, sich etwas Schönes kaufen kann mit meinem Geld?

In meiner Geldbörse lagen noch über 350 Schweizer Franken von meinem Aufenthalt in der Schweiz – plus knapp 100 Euro. Schade ums Geld, aber was sollte der Finder oder Dieb mit all den Karten?

Ich hoffte inständig, dass sie irgendwo wieder auftauchte. Überall schaltete ich Verlustanzeigen im Internet.

Wenige Wochen später war das erste Ausbildungsseminar-Wochenende bei Christian Zech. Jeder in der Gruppe konnte sein aktuelles Thema aufstellen. Als ich dran war, wollte ich unbedingt wissen, was der Verlust meiner Geldbörse zu bedeuten hatte. Mitten in der Aufstellung zeigte sich die Antwort auf mein Unverständnis und den Ärger, warum Kevin sich nicht von selbst meldete, wann er die Kinder betreuen sollte.

Ich war Wochen früher betrübt und wütend über die Situation. Ich wusste, dass ich keinerlei Erwartungen hegen konnte, trotzdem wurmte es mich massiv und ich nahm meinen inneren Kampfmodus wahr. Doch als ich die Stellvertreter in meiner Aufstellung sah, wurde es mir noch klarer, warum Kevin so war, wie er war. Es half mir, ihn zu verstehen. Dieses Verständnis löste all den Ärger in mir auf.

Zwei bis drei Wochen später rief ich Kevin einfach an und plante die Betreuung für den kommenden Monat gemeinsam. Ohne Druck. Ohne Erwartung. Einfach auf Augenhöhe und Anerkennung, dass er der Vater ist und die Kinder alle zwei Wochen für ein Wochenende zu betreuen bereit ist.

Das war mein eigentlicher Wunsch. Der hatte sich nun materialisiert. Das bedeutet jetzt nicht, dass ich jedes Mal meine Geldbörse verlieren muss, um jemanden zu verstehen. Und trotzdem hat es mich für dieses Verständnis und die vollkommene Annahme meiner Situation mit den Kindern und Kevin das ganze Geld und die frühere Identität (Ausweis) gekostet.

Mai 2024

Es ist so einfach, in der Opferhaltung zu bleiben. Es ist so einfach, die Verantwortung immer wieder abzuschieben und sich nicht bewusst zu machen, dass der Schlüssel in einem selbst liegt.

Das ist das Gemeine an der ganzen Sache: Der Schlüssel liegt im verborgenen Inneren. Ich habe mich etliche Male aus meiner Wohnung ausgesperrt. Der Schlüssel hing immer auf der anderen Seite der Tür. Sechsmal ist mir das passiert. Das erste Mal habe ich Brunel, meine Nachbarin, um Hilfe gebeten. Sie hatte bereits Erfahrung mit *Türen-aufknacken*. Auch hier gibt es auf YouTube eine ganze Menge Vorführvideos, die kinderleicht nachzuahmen sind.

Beim ersten Mal stand ich selbst eine halbe Stunde völlig verschwitzt vor der geschlossenen Wohnungstür mit einer kaputten Plastikkarte. Brunel schaffte es in wenigen Minuten. Danach wurde ich auch immer schneller. Beim letzten Mal habe ich die Tür innerhalb von wenigen Sekunden aufbekommen. Es war, als würde meine Seele mich immer wieder daran erinnern, dass ich den Schlüssel selbst in mir habe.

Am Anfang noch etwas schwierig, aber im Nachgang superleicht – wenn ich den Dreh raushatte. So ist das auch mit der Verantwortung. Am Anfang ist es schwierig und zäh, wie Leder, immer wieder die Verantwortung für das eigene Denken und Fühlen zu übernehmen. Aber es wird von Mal zu Mal leichter.

Die Schlüsselgeschichte führt mich zu einer alten Erzählung über Brahma, die aus der hinduistischen Mythologie stammt. Brahma ist der Schöpfergott innerhalb der Trimurti – der göttlichen Dreieinigkeit aus Brahma (Schöpfung), Vishnu (Erhaltung) und Shiva (Zerstörung und Erneuerung). Es heißt, dass Brahma seine Göttlichkeit überall im Universum verteilte und auf der Suche nach einem sicheren Ort war, an dem sie verborgen bleiben sollte. Doch wohin damit?

Die anderen Götter berieten sich mit ihm und machten Vorschläge:

„Lasst uns die Göttlichkeit auf dem höchsten Berg der Erde verstecken!" Brahma schüttelte den Kopf.

„Nein, die Menschen werden eines Tages den höchsten Gipfel erklimmen."

„Dann vergraben wir sie am tiefsten Punkt des Ozeans!" Brahma erwiderte: „Auch dort werden sie sie eines Tages finden."

Viele Ideen wurden vorgeschlagen – in den Weiten des Himmels, auf dem dunkelsten Planeten, in den Tiefen der Erde. Aber Brahma lehnte sie alle ab. Schließlich kam er zu einer überraschenden Erkenntnis:

„Ich weiß, wo wir sie verstecken können – in den Menschen selbst. Das ist der einzige Ort, an dem sie nie suchen werden."

Und so wurde die göttliche Essenz in jedem Menschen verborgen, tief in seinem Inneren. Sich mit sich selbst auseinanderzusetzen, kann anstrengend sein – obwohl wir die einzige Person sind, mit der wir von Anfang bis zum letzten Atemzug zusammen sind. Doch wer die Reise nach innen wagt, findet, was er immer gesucht hat.

Jetzt macht es für mich Sinn, dass ich als Einzige aus meiner Familie in Deutschland in einer sehr traditionellen Familie geboren wurde. Beziehungsweise habe ich es mir höchstwahrscheinlich selbst ausgesucht. Irgendwann werden alle Karten komplett neu gemischt oder das Familiensystem um 360 Grad auf den Kopf gestellt. Irgendjemand ist in der Ahnenlinie der Mensch, der aufsteht und den Mund aufmacht. Warum sonst sollte ich als letztes Kind in Deutschland aufwachsen, die Tradition brechen und das Beste daraus machen?

Es ist also alles in göttlicher Ordnung. Ich tanze im Rhythmus meiner Bestimmung.

In zwei Tagen ist Neumond im Widder und es heißt: „Alles, was ich heute bin, ist das Ergebnis meiner vergangenen Handlungen." Und ich bin die Königin meines Lebens. Ich bin Frieden. Ich bin Liebe.

Der Aufenthalt und die Gespräche mit meiner Schwester haben mir gezeigt, wie groß meine Toleranzgrenze geworden ist. Ich konnte zustimmen und ihre Wahrheit voll und ganz da sein lassen, auch wenn ich es anders sehe. Es ist möglich, dass zwei Wahrheiten gleichzeitig bestehen.

So konnte ich es dieses Mal beobachten, ohne meine Meinung verteidigen zu müssen. Ich kenne meine Wahrheit und das reicht mir. Ich kann von niemandem verlangen, friedlich und freundlich zu mir zu sein, wenn ich das nicht mit mir selbst bin.

Wenn es beispielsweise bereits in der Familie zu Unstimmigkeiten und Streitereien kommt, dann brauchen wir uns nicht wundern, dass es immer noch Kriege auf der Erde gibt. Ein chinesisches Sprichwort besagt:

Wenn Licht in der Seele ist,
ist Schönheit im Menschen.
Wenn Schönheit im Menschen ist,
ist Harmonie im Haus.
Wenn Harmonie im Haus ist,
ist Ordnung in der Nation.
Wenn Ordnung in der Nation ist,
ist Frieden in der Welt.

Wenn wir selbst unser Licht nicht erkennen und uns von der Angst blenden lassen, dann erkennen wir weder die Schönheit im Außen noch im Inneren. Wir sehen die Welt nie so, wie sie wirklich ist, sondern wir sehen sie so, wie wir sind. Es ist so leicht, mich von meiner Angst führen zu lassen. Ich selbst brauche nicht auf eine Demo zu gehen, Politiker schlecht zu reden oder die aktuellen Nachrichten anzuschauen.

Ich brauche mich nur auf meinen Mikrokosmos zu konzentrieren und damit klarzukommen. Wenn ich innerlich mit mir im Krieg bin, werde ich viele kleine, einzelne Kriege mit meinen Mitmenschen führen. Das kann bei den eigenen Kindern, dem Lebenspartner, mit Freunden, Nachbarn, Bekannten, dem Busfahrer, der Postbotin, der Frau an der Kasse sein. Das fängt gedanklich an.

Ich gebe ein Beispiel: *Boah, warum zieht die immer mal wieder ein Gesicht? Ich glaube, die kann mich nicht leiden. Ich kann sie auch nicht leiden. Bestimmt ist sie rassistisch …* Oder: *Ey, kann die nicht mal netter sein?*

Dazu habe ich eine kleine wahre Geschichte aus meinem Alltag geschrieben:

Finde ich beeindruckend, wer gefühlt 365 Tage lang ein Gesicht zieht, als hätte man saure Milch zum Frühstück gehabt. Ich hatte eine ganze Weile Angst, ihr Hallo zu sagen, ganz zu schweigen davon, einen guten Morgen zu wünschen.

Aber ihrem Gesichtsausdruck nach wäre wohl eher ein: „Miesen Morgen", angebracht gewesen.

Doch so direkt wollte ich dann auch nicht sein. Steht mir ja auch nicht zu. Jeder ist ja frei in dem, was er oder sie tut. Ich habe immer die Wahl, wie ich jetzt darauf reagieren möchte. Letztens bei Rossmann traf ich am Self-Checkout eine andere Nachbarin mit ihren zwei Kindern. Ich war gerade beim Einpacken und saß gemütlich auf den kalten Fliesen. Die Kinder schauten mich an und wieder weg. Aus Reflex tat ich dasselbe und konzentrierte mich weiter aufs Einpacken. Ich sah nur aus dem Augenwinkel, wie meine Ex-Nachbarin ihren Einkauf scannte und bezahlte.

Mein Kopf: *Sagt die nicht mal Hallo? Tss …*

Auch mein Kopf: *Find ich aber doch nicht so schlimm, ehrlicherweise wollte ich auch kein Hallo sagen. Und ein aufgesetztes und gezwungenes „Haaaiiiiii", gefolgt von peinlicher Stille, weil niemand ein: „Naaa … wie geht's?", sagen will – schließlich interessiert es uns beide eh nicht.*

Da bleibe ich doch lieber pro forma für die Ignoranz und das gemeinsame Schweigen. Ich packe weiter ganz genüsslich meine Tasche, und meine Ex-Nachbarin ist in der Zeit auch schon fertig. Das gemeinsame Ignorieren macht die Beziehung zueinander im Nachhinein doch noch etwas sympathisch.

Wie oft wir doch im Alltag immer noch eine imaginäre Maske aufsetzen, um den Knigge-Regeln zu folgen, um gut anzukommen, um gemocht zu werden und so weiter. Letztendlich können wir einfach so sein, wie wir sind. Wenn es nämlich passt, dann passt es. Wenn nicht, dann nicht. Gleiches zieht Gleiches an. So einfach ist es. Warum verbiegen und unehrlich zu sich selbst sein? Jetzt finde ich meine Nachbarin mit ihrem 365-Tage-Regentage-Gesicht doch sympathisch, weil sie sich selbst treu ist. Sie setzt kein künstliches Lächeln auf, um mir einen miesen Morgen (*hust hust*) … einen guten Morgen zu wünschen.

3. Juni 2024

Lange kreisen meine Gedanken um den vergangenen Tag herum. Heute war sehr viel los. Vom Augenblick des Wachwerdens bis zu dem Zeitpunkt, an dem ich diese Zeilen niederschreibe, hat sich wahnsinnig viel getan. Ein kleines ganzes Leben an einem Tag.

Ich bin gestern mit den Kindern aus der Schweiz zurückgeflogen. Wir waren über Fronleichnam bei Steffi, da sie Geburtstag hatte. Diese kleine Auszeit tat uns allen gut. Auch wenn es megaanstrengend war, war es auch sehr schön. Ich bin sehr glücklich über die Tatsache, dass ich es alleine mit den Jungs so guthabe. Das eigentliche Highlight des Tages war das halbstündige Telefonat mit Kevin.

Es standen einige Termine und Veranstaltungen im Monat an, und mein Wunsch war es, Klarheit in der Kinderbetreuung mit Kevin zu haben.

Nun sind wieder Wochen und Monate vergangen, und heute rief ich ihn einfach an. Es ging ein paar Mal hin und her, bis wir uns am Telefon hatten. Nach dem frühen Abendbrot um 17:00 Uhr wechselte ich mit meinem Nachbarn das Sprungtuch vom Trampolin. Das alte Sprungtuch riss bei einem Popo-Klatscher von Yanni. Das Trampolin hatten wir von unseren neuen Nachbarn geschenkt bekommen, weil es lange Zeit draußen gestanden hat und niemand es mehr nutzte. Durch die verschiedenen Witterungsbedingungen ist das Sprungtuch porös geworden, und somit musste ich mir ein neues für die Kinder besorgen. Irgendwann, nach über einer Stunde, als wir fertig waren, rief ich Kevin zurück und wir besprachen die Wochenenden, an denen er die Kinder betreuen kann. Ich erfuhr gleichzeitig, welche Schichten er jede Woche hatte. Das hat er mir vorher nie sagen wollen oder können. Es war ein recht harmonisches und klares Gespräch, in dem ich ohne eine emotionale Ladung auf ihn zugehen konnte.

Ich kicherte auch einige Male am Telefon, weil wir über seine Essgewohnheiten mit den Kindern sprachen.

Ich: Kannst du bitte dieses Mal zu Hause für die Kinder kochen und nicht wieder zu McDonald's gehen? Ich geh jetzt mit den Kindern auch zu McDonalds, damit sie nicht nur mit dir diese Verbindung haben, wenn sie an McDonald's und KFC denken.

Kevin schmunzelt und muss auch leicht auflachen.

Kevin: Ich geh nicht jedes Mal zu McDonald's, wir essen auch zu Hause.

Yin: Hmm, ist klar, bei jedem Besuch kommen die Kinder mit einem Happy Meal-Spielzeug von McDonald's … das kann man da nicht kaufen, ohne ein Happy Meal bestellt zu haben (was so nicht stimmt, weil man das doch kann …).

Kevin lacht wieder leicht amüsiert. Ich tippe alle besprochenen Daten gleichzeitig, während wir telefonieren, bei WhatsApp nieder, damit wir es beide klar und schriftlich haben. Dann besprechen wir noch, dass er neue Socken und Schlüppis von Marvel Avengers für die Jungs kaufen soll. Das tippe ich auch noch in den Chat. Dann verabschieden wir uns freundlich und irgendwie auch glücklich, so ein heiteres Gespräch nach unserer Geschichte und der Scheidungsprozedur geführt zu haben. Mein Kopf hatte mir kurz vorher schon kommentiert, warum er sich nicht melden konnte und mir die Daten durchgeben kann, wann und wo er die Kinder abholen kann. Aber ich griff einfach selbst zum Hörer und ignorierte diese Stimme im Kopf. Selbst ist die Frau. Er hatte mir ja bereits deutlich gesagt, dass er die Kinder betreuen möchte. Meine Aufgabe war es nun, ihn daran zu erinnern und es mit mir im Voraus festzuhalten.

Der Weg bis heute war nicht sehr einfach. Und trotzdem machbar. Ich liebe Kevin auf eine familiäre Art und Weise. Ivan, ein guter Freund von mir, den ich damals in Hong Kong in der Visa-Schlange zum chinesischen Konsulat kennenlernte, meinte in einem Telefonat zu mir, dass er seine Ex-Frau einfach wie ein Familienmitglied sieht. Wie eine Tante oder einen Onkel, den man liebhat, aber nicht gemeinsam wohnt oder täglich das Leben miteinander teilt. Familiäre Liebe, die im Kern bedingungslos ist.

Ich glaube, ich habe es versucht, ihn bedingungslos zu lieben, bevor ich mich von ihm getrennt habe. Und jetzt spüre ich diese Art von Liebe, die Worte nicht wirklich beschreiben können. Es ist eine Mischung aus totaler Neutralität, Harmonie, Freude und Gleichgültigkeit. Ich kann ihn wahrlich einfach mit dem Herzen sehen und dankbar für unsere Söhne und all die Erfahrungen, die wir uns gegenseitig beschert haben, sein. Ohne ihn hätte ich nie genau dieses Buch mit diesen Geschichten schreiben können.

Dann wäre es vielleicht ein anderes dramatisches Buch geworden. Jedenfalls weiß ich jetzt, dass mein individueller Weg genau das Richtige war und ist, denn er ist ja auch niemals falsch gewesen.

Jedenfalls berührt es mich, wenn ich an meinen jetzigen Umgang mit Kevin denke. Manchmal sitze ich einfach da und mir kullern einfach Tränen der Demut und unendlicher Dankbarkeit über das Gesicht. Wenn ich noch ein passendes, emotionales Lied dabei höre, dann ist mal schnell eine halbe Packung Taschentücher verbraucht.

Ich fühle mich dabei so sehr verbunden mit allem, was ist – vor allem, wenn ich mitten in einem Zug sitze und neben, vor und schräg von mir Menschen sitzen und bemerken, dass ich weine. Die Reaktionen sind zum Teil sehr witzig. Die einen ignorieren es, die anderen rümpfen die Nase und die anderen schauen einen besorgt an und fragen nach. Alles *ist* hier einfach. Weder richtig noch falsch. Ich glaube, das ist wahre Freiheit.

Die Ehrlichkeit, die ich mir und Kevin gegenüber über die Jahre etabliert habe, hat dazu geführt, dass unsere Trennung die natürlichste Konsequenz für uns war. Es wäre unnatürlich und künstlich gewesen, wenn wir weiterhin zusammengeblieben wären. Daher war es die Liebe zu uns selbst, die unsere Ehe hat scheiden lassen.

Jede Trennung bedeutet gleichzeitig einen Neuanfang. Wir nähern uns dem Ende des Buches und ich bin selbst ganz schön beeindruckt von all den Worten, die durch das Tippen meiner Finger auf dem digitalen Papier entstanden sind. Jetzt gerade habe ich das Bild von dem dicken, lachenden Buddha in meinem Kopf. So laufe ich vermehrt durch die Welt und amüsiere mich in meinem Körper.

EPILOG

16. Juli 2024 Zuhause in meinem Wohnzimmer

Als ich auflegte, zeigte das Handy-Display:

01:04:01 叶震昊 Kevin

Über eine Stunde haben wir telefoniert. Wir haben über die Betreuungszeiten in den Sommerferien gesprochen und gemeinsam geplant – oder besser gesagt: Ich habe die Zeiten vorgegeben und sie mit Kevin besprochen.

Es war ein sehr harmonisches und neutrales Gespräch, das mich zutiefst bestärkt hat: Meine Intuition, den Weg der Aufstellungsarbeit zu gehen, mich einfach sein zu lassen und zu bleiben – war und ist für mich der richtige Weg.

Wer hätte gedacht, dass ich mich nach all den Auseinandersetzungen so friedlich mit Kevin unterhalten könnte? Und genau hier schließt sich der Kreis. Ich weiß nicht, was die Zukunft bringt. Aber ich weiß, dass ich sie nicht mehr kontrollieren muss. Ich weiß, dass das Einzige, was ich meinen Jungs nach all den Jahren mitgeben kann, keine perfekte Familie, sondern eine friedvolle ist. Eltern, die nicht mehr zusammenleben, aber trotzdem neutral miteinander umgehen – egal, was passiert ist. Und zuletzt habe ich mir das größte Geschenk gemacht: Ein Happy End – nicht mit Kevin, nicht mit einer perfekten Geschichte, sondern mit mir selbst. Ein Happy End für meinen inneren Frieden und mein Wohlergehen.

Denn am Ende bleibt nur das: Ich bin.

ENDE

DANK

Ich könnte hier eine lange Liste von Namen schreiben. Aber wo würde ich anfangen – und wo aufhören? Alles führt zum Urknall zurück. Jeder Mensch, jeder Ort, jedes Buch, jeder Film – all das habe ich selbst hervorgebracht. Meine Wahrnehmung der Welt ist nichts anderes als eine Projektion meines Innenlebens – mein Auge die Linse, die das, was in mir ist, auf die Leinwand des Lebens überträgt. Jeder Mensch, der mir begegnet ist, hat zu diesem Buch beigetragen – auch du, der oder die es gerade liest.

Auch wenn ich es nur für mich geschrieben habe, habe ich es genauso für dich geschrieben.

Denn du bist ich. Und ich bin du.

Und deshalb gibt es eine Person, der ich am meisten danke: Mir selbst.